名言のクスリ箱

心が折れそうなときに力をくれる言葉200

大山くまお

SB新書
551

ことばはいうまでもなく、
人類が用いる最も効き目のある薬である。

——ラドヤード・キップリング

まえがき

冒頭に掲げた言葉は、『ジャングル・ブック』などで知られるイギリスのノーベル文学賞受賞作家、ラドヤード・キップリングの言葉です。

長引く不況、少子高齢化、格差社会の拡大と貧困、孤独と孤立、自殺の増加、自然災害の発生、世界的な疫病の流行……。

いろいろな問題を抱えた今の日本で「生きづらさ」を感じている人たち、先行きにどんよりとした不安を感じている人たちは、大勢いるでしょう。一〇年前、二〇年前と比べても、その数は増えているように思います。

社会が抱える問題に対して、何か特効薬があるかといえば、それぞれの分野の専門家は首を横に振ることでしょう。そんな薬があれば、とっくに処方しているはずです。特効薬がないから、社会には重苦しさがのしかかっているわけです。

だけど、うつむいて絶望してばかりもいられません。私たちは、これからも生きていかなければいけないのですから。

そんなとき、どこかでふと目にした、あるいは何かの拍子に耳にした、たった一つの言葉に励まされることがあります。深い悲しみを慰められることがあります。前向きになるきっかけをもらうときもあれば、考え方を変えるコツを得るときもあります。今後の生き方の指針を得ることもあります。

弱っている人の何かの助けになる、薬のような言葉。
それを僕は「名言」と呼びたいと思います。

それは身近な人の言葉かもしれないし、書籍で目にした偉人や知識人らの言葉かもしれません。テレビやインターネットを通じて目にした著名人の言葉ということも多いでしょう。言葉そのものにハッとさせられることもあれば、発言した人の名前を見て「なるほど」とうなずくこともあります。両方が合わさって、深く心の中に分け入ってくることも、もちろんあるでしょう。

どれが正しくて、どれが正しくないということはありません。言葉がその人の役に立てば、それでいいのです。

本書では、頑張らなきゃいけないけど頑張れない、何かをするのに気力が湧かない、目標の持ち方がわからない、希望を持って生きていくことができない、そんな人たちに届くような、具体的で役に立つ名言を、「仕事」「人間関係」「恋愛・結婚」「お金・人生」の四つのカテゴリーに分けて集めました。

それぞれに古今東西の偉人、知識人の言葉をはじめ、タレント、企業家、アスリート、漫画、ドラマ、映画など、あらゆる分野の言葉が収録されています。なかには無名の人の言葉もあります。

一方、ふんわりした励ましの言葉や、「頑張れ」とひたすら言い立てるような言葉などは外しました。見えてもいない未来について、勝手に断言しているような無責任な言葉も外しています。

僕自身、三〇代から四〇代にかけて、仕事がうまくいかず、心の病をわずらって、つらい時期を過ごしたことがあります。本書の名言は、そんな経験を活《い》かした、とことん低い目線で選んだ言葉でもあります。世間的に有名か無名か、受けがいいかどうかではなく、あくまでつらい時期を過ごしていた自分に届くような言葉かどうかを基準に選びました。

なかには二〇代、三〇代の人には馴染みがない人の言葉もあるかもしれませんが、言葉そのものに興味を持ったら、ぜひその人について調べてみてください。きっと新たな発見、新たな出会いがあると思います。

最初から順番どおりに読んでもいいですが、今、自分が悩んでいるカテゴリーから読んでみるのもいいですし、パラパラとめくってみて気になる言葉だけをまず読んでもかまいません。

名言は心のバロメーターです。自分に刺さる言葉を見つけることによって、自分でもはっきりわからなかった心にのしかかっている重しが何か、わかることがあります。ぜひ、そんな使い方もしてみてください。

素晴らしい言葉の数々が、みなさんが生きていくために役立つ薬になることを願っています。

目次

第2章 人間関係に効く名言

第3章

恋愛・結婚に効く名言

第4章 お金・人生に効く名言

第1章

仕事に効く名言

「まえがき」でも書きましたが、今は将来の見通しが不透明な時代です。

賃金の低い非正規雇用労働者は増加し続けており、解雇や雇い止めは普通のことになりました。一方、正規労働者でも将来が安泰《あんたい》とは限りません。ずっと日本を支えてきた終身雇用制度は崩壊しつつあり、正社員だっていつ減給やリストラに遭《あ》ってもおかしくありません。日々懸命に仕事をしていても、漠然とした不安に包まれている人が多いと思います。

ひと昔前の仕事についての悩みとは、出世できない、上司や同僚とうまくやっていけない、部下が言うことを聞いてくれない……といったものでした。

しかし、それはほとんどの人が学校を卒業したら就職し、定年まで勤め上げるのが当たり前という認識が前提になっていた時代のこと。この前提が崩れ去ってしまった今、仕事についての新しい悩みが生じています。

やりたい仕事が見つからない、新しい仕事に挑戦できない、働くことに意味を見出せない……。そんな悩みを抱えてしまうと、仕事に就けない、あるいは仕事が長続きしない、という状態に陥ってしまうでしょう。これらの悩みは、将来の不安へと直結していきます。

また、職に就いていても、仕事の壁に突き当たったり、仕事に失敗してしまったりはよくあること。しかし、上司や会社は、終身雇用制度が機能していた時代ほど社員の面倒を見てくれません。同僚たちとの連携も、昔ほど盛んではないでしょう。

今の時代、自分の失敗のフォローは自分でしなければいけないのです。そこから自力でうまく立ち直ることができないと、心の病にかかってしまったり、そのまま職を失ってしまったりすることになりかねません。

一見、大きな失敗がなくても、仕事をつい怠けてしまったり、スランプ状態が続いたりすると、あっという間に会社から見放されてしまいます。〝個人のスキルを高める〟といった触れ込みのビジネス系自己啓発本が次々とベストセラーになる背景には、こうした事情があるのでしょう。

「自分のキャリアは自分で作っていく時代」と言えば聞こえはいいですが、それは「弱者切り捨ての時代」でもあります。仕事の悩みを、誰にも相談できないまま抱え込んでしまっている人も少なくないでしょう。

ここでは、仕事に関する名言を集めてみました。いずれも今の仕事、あるいは働くことそのものについて悩みを抱えている人に効く言葉です。仕事の悩みを解決するヒントにしてみてください。

仕事にやりがいが見つけられないとき

毎日、決まった時間に出社して、ぐったり疲れ果てて家に帰ってくる。仕事は忙しいのだけれど、なんだかつまらない。仕事にやりがいを感じることなく、「お金のため」「仕事はつまらなくて当たり前」と自分に言い聞かせながら、日々を過ごしている人は少なくないと思います。

仕事にやりがいを感じたい。でも、目の前に山積している仕事にやりがいを感じられない。そんなことを思っている人のために、ヒントになるような言葉を集めてみました。

点と点のつながりは予測できません。
あとで振り返って、「点のつながりに気付くのです。
今やっていることがどこかにつながると信じてください。

——スティーブ・ジョブズ

ｉＰｈｏｎｅを生んだアップルのＣＥＯ、スティーブ・ジョブズが行ったスタンフォード大学の卒業生へのスピーチの一節です。こうして名門大学でスピーチを行っているジョブズですが、実は大学を卒業していません。通っていたリード大学を中退したジョブズは、コーラの空き瓶を売りさばくなどして糊口《ここう》をしのいでいました。

一方でジョブズは、こう考えました。大学を中退したのなら、カリキュラムに従うこともない。ならば好きな授業を受講しよう、と。彼はカリグラフィー（西洋書道）の授業に潜り込み、それに夢中になりました。その経験がマッキントッシュのコンピュータを設計するときに役に立ちます。このマックは美しいフォントを持つ、当時としては世界で唯一のコンピュータになったのです。

どこで何が役に立つかわからない。だから、今いる場所でしていることをしっかりと身につけたほうがいい。それが彼の言う「点のつながり」です。やりがいがないからといって漫然と仕事をこなすだけでは、点と点がつながることもなくなってしまうでしょう。

ジョブズのスピーチはこう続きます。

「その点がどこかにつながると信じていれば、他の人と違う道を歩いていても自信を持って歩き通せるからです。それが人生に違いをもたらします」

今の仕事が未来の自分につながることを信じましょう。そうすれば今の仕事にも、やりがいが見つかるはずです。


毎日がつまらない人は、「このままでいい、世界はいつも同じだ」と決めつけている人なんです。

――養老孟司

ベストセラーとなった新書『バカの壁』で知られる解剖学者、養老孟司の言葉です。

世界はいつも退屈で変化しないと決めつけてしまっているから、そう感じているにすぎないのであり、視点や意識の持ち方を変えれば世界は変わっていく。それが養老の発しているメッセージです。

視点や意識の持ち方を変えるとは、すなわち自分自身を変えること。今の自分の考えや態度を大切にしすぎていたり、逆に〝本当の自分〟なんて得体のしれないものを探したりしていると、自分を変えることはできません。

たとえば先ほど挙げたジョブズの言葉にあるように、「点と点のつながり」を信じてみること。これだって自分を変えることに他なりません。自分を変えれば、自分を取り巻く世界は新しく塗り替えられていく。そこから仕事に対するやりがいが生まれてきても、おかしくはないのです。

医者は生活の安定を約束していた。しかし、僕は画が描きたかったのだ。

――手塚治虫

仕事にやりがいを見つけたいのなら、自分のやりたい仕事を探し続けるのも一つの方法です。「自分のやりたい仕事を探す」ことに対して、これほど適したアドバイザーはいないでしょう。〝漫画の神様〟手塚治虫です。

手塚は医師免許を持っていましたが、医者にはならずに子どものころから好きだった漫画の道を選びます。彼が漫画家になると決意したのは、戦後の混乱期でした。安定した収入を捨てて漫画家という〝新しい〟仕事を選ぶには、かなりの勇気が必要だったに違いありません。しかし、「画が描きたかった」という手塚の強い気持ちが勝りました。

自分の好きなものを仕事にすることは、時に強い意志の力と勇気が求められるのです。


自分が本当に好きなものを見つけて下さい。

見つかったら、その大切なもののために努力しなさい。

君たちは、努力したい何かを持っているはずだ。

——黒澤 明

映画に一生をかけた巨匠、黒澤明。この言葉は、映画『まあだだよ』のセリフとして黒澤監督が自ら書いたものです。

手塚治虫が漫画なら、彼は映画という「自分が本当に好きな」仕事を見つけだしました。しかし、その仕事を手に入れただけで、やりがいを実感できるかというと決してそうではありません。

やりがいのある仕事とは、自発的に「努力したい仕事」と言い換えることができるでしょう。黒澤自身も助監督時代、撮影で徹夜になった日以外は欠かさず自分の脚本を書き続けたというエピソードがあります。

自分にとって本当に好きなものを探し、それをやりがいのある仕事にするには不断の努力が必要なのです。

仕事は人がさがしてくれるものではなく、自分で見付けるべきものだ。
職は人が作ってくれるものではなく、自分自身で拵《こしら》えるべきものだ。
それがその人にとっての、本当の仕事となり、職業となる。
とにかくその心掛けさえあれば、仕事とか職業とかは
無限にあるといってもいい。

——豊田佐吉

今、仕事を探している人、あるいは転職を考えている人は多いと思います。具体的に転職活動をしていなくても、自分がしている仕事がどこかしっくりこない、やりがいが見つけられないという人も多いのではないでしょうか？

しかし、大学の就職課や就職案内サイト、ハローワークなどで案内されている職業は、公務員、金融、メーカー、商社、サービス、小売……などと以前と変わらぬものばかりです。

この中から〝やりたい仕事〟を探さなければいけないの？　いえいえ、そんなことはありません。

トヨタグループの元となる豊田自動織機の創業者、豊田佐吉は江戸時代末期、農家の子として生まれました。その後、大工になってからも自らの境遇に満足せず、創意工夫を重ねた数々の発明をもとに自らの会社を設立した豊田は、さらに事業を発展させてトヨタグループの礎《いしずえ》を築いていきます。

江戸から明治にかけての混迷の時代に、自分の手で仕事（とそれに使う機械）を作り続けた豊田ならではの言葉だと思います。

部屋の中で寝てばかりいないで、立ちなさい。立つことです。部屋から出ることです。そして、何でもいい、手と足を使う仕事を見つけなさい。

――開高 健

ベトナムやアマゾンなど世界中を旅したことでも知られる作家、開高健の著者『知的経験のすすめ』からの言葉です。

インターネットで情報を集めるのも悪いことではないのですが、得た情報は手足を動かして活かすことによって初めて意味を成します。

部屋から出て、足を使って人と出会い、手を使って仕事をする。開高健の時代にはまだインターネットはありませんでしたが、彼の言葉はそればかりに頼ってはいけないという警句にも聞こえてきます。

なすべきことをなす勇気と、人の声に私心なく耳を傾ける謙虚さがあれば、知恵はこんこんと湧き出てくるものです。

――松下幸之助

パナソニックの創始者であり、数々の名言を遺《のこ》した松下幸之助の言葉です。

働く環境が激変していくなか、自分に合った天職ともいうべき仕事を見つけるのは大変困難です。

だからといって、部屋にこもってばかりいてもダメ、嘆いてばかりいてもダメ。つまずいてもくじけないこと、手と足を積極的に動かすこと。そして他人の意見に耳を貸し、しなければいけないことに挑戦する勇気さえ持てば、道は切り開かれていくのです。

仕事で失敗してくじけそうになったとき

誰だって仕事で失敗することはあります。新入社員は失敗して当然ですし、三〇代になっても、四〇代になっても、社長になっても失敗はあります。会社員だけでなく、フリーランスだってなんだって、仕事に失敗はつきものです。

しかし、当たり前のことだからといって、失敗を放置しておくと大変なことになります。失敗すれば、どうしても気分は落ち込みますし、失敗が続くようなことがあれば、仕事への自信も他人からの信頼も失いかねません。好きで始めたはずの仕事なのに、自分に向いていないと思ってしまったり、仕事への意欲が失われてしまったりしたら大変です。

ここでは、仕事で失敗して落ち込んでしまったときに読みたい言葉を集めました。

胸を張って生きろ。
己の弱さや不甲斐なさにどれだけ打ちのめされようと、心を燃やせ。
歯を喰いしばって前を向け。

――『劇場版「鬼滅の刃」無限列車編』

記録的な大ヒットとなった『劇場版「鬼滅の刃」無限列車編』より、人気キャラクターの煉獄杏寿郎が後輩たちに語りかけた言葉です。

失敗するとつい自分を責めてしまいがちになります。しかし、自分を責めすぎて落ち込んでしまい、その場から一歩も動けなくなってしまってはいけません。失敗を成長の糧《かて》にするには、そこから立ち上がろうとする姿勢が必要になります。

失敗したのに胸を張るなんて、まわりから白い目で見られてしまうのではないかと思うかもしれませんが、うつむいたままでは何も始まりません。歯を食いしばってでも、頭を上げて前を向かなければいけないのです。

――俺は何度も何度も失敗した。打ちのめされた。
それが俺の成功した理由さ。――

――マイケル・ジョーダン

〝バスケットボールの神様〟マイケル・ジョーダンはプロに入りたてのころ、独善的なプレーを批判されることが多く、チームは弱いままでした。新人として出場したオールスター戦では、味方からパスをまわしてもらえないという屈辱を味わいます。

〝神様〟だって失敗して打ちのめされているのです。凡人なら、なおさらのこと。我々にはジョーダンのようなバスケの才能はないかもしれない。でも、失敗から立ち上がる精神力なら、彼に負けないぐらい持つことができるのではないでしょうか？

――あきらめたらそこで試合終了だよ。――

――『スラムダンク』

バスケットボール漫画の名作『スラムダンク』に登場する安西監督のとても有名な言葉です。
敗色濃厚な試合でプライドを打ち砕かれそうになっている選手にかけられた、穏やかな言葉。試合は負けてしまってもかまわない。でも、あきらめなかったという事実は必ず次につながります。次じゃなくても、その次に。あるいはその次の次に。

――こけたら立ちなはれ。――

――松下幸之助

そりゃ誰だって、つまずいたり転んだりしますよ。転べば痛い。痛ければ、ちょっとくらいぐずぐずしていてもいい。服が汚れてしまうのもしょうがない。でも、立ち上がらなければ新しい一歩は踏み出せません。すべてはそれからです。

――若い頃、私は10回に9回は失敗することに気がついた。だから、10倍働いた。――

失敗するのが当たり前。そう割り切ってしまえば、次に進む勇気が湧いてきます。イギリスの劇作家であるバーナード・ショーは、若いころに小説家として作品を発表していたものの、その才能が認められることはありませんでした。

それでもへこたれることなく評論家として業績を積み上げていき、ついに劇作家としてデビューしたのは三六歳のときのこと。さらにその才能が認められたのは四〇代になってからでした。その後、六九歳でノーベル文学賞を受賞しています。

何度失敗してもくじけない精神、くじけてもそこから何かをつかみ取って次につなげる精神が、彼にノーベル文学賞をもたらしたのでしょう。

——バーナード・ショー

精神的なスランプからは、なかなか抜け出すことができない。根本的な原因は、食事や睡眠のような基本的なことにあるのに、それ以外のところから原因を探してしまうからだ。

——落合博満

三冠王を三度獲得し、監督としても実績をあげた落合博満が、プロ野球評論家時代に書いた著書『コーチング』からの言葉です。

スポーツ選手にとって、食事や睡眠などの基本的な生活習慣が大切なのは当たり前ですが、それは案外、我々のような一般人にとっても大切なこと。栄養価の高い食事と十分な睡眠をとり、規則正しい生活を続ける。それがスランプから脱する効果的な方法なのかもしれません。

失敗を失敗だと思わないような人間になれってことやな。失敗を楽しめる人生を暮らすことが一番良い。

――明石家さんま

ちょっと角度を変えた言葉を一つ。

当代随一の人気者は、失敗を楽しむ達人です。仕事での失敗も、結婚の失敗も、お金での失敗も、全部笑いに変えて人々を楽しませ続けてきました。

では、人気があるから、お金があるから、余裕があるから、失敗も楽しむことができるのでしょうか？　けっしてそうではないと思います。

よく知られている明石家さんまの言葉として、「生きてるだけで丸もうけ」がありますが、彼は「落ち込む人っていうのは、自分のこと過大評価しすぎやねん」とも言っています。

「小さな失敗ぐらいどうってことない！」という視点とともに、失敗した自分を客観視できる視点があるからこそ、「失敗を楽しめる人生」になるのでしょう。それができれば、最強ですよね。

元気を出しなさい。今日の失敗ではなく、明日訪れるかもしれない成功について考えるのです。

——ヘレン・ケラー

「元気があれば何でもできる！」とはアントニオ猪木の言葉ですが、ヘレン・ケラーも元気の大切さを語っています。元気さえあれば、負の連鎖だって断ち切れる。それが空《から》元気だっていい。

でも、空腹や睡眠不足では元気だって出てきません。腹が減ったらごはんを食べる、眠くなったらぐっすり寝る。そうすれば、自然に元気だって出てきます。

失敗したって当たり前。一〇回失敗したら一〇倍働こう。一〇回失敗すれば一〇回新しい発見を得るチャンスがある。

元気があれば、そんな考え方だってできるのです。

仕事へのやる気が出ないとき

やらなければいけないことはわかっている。だけど、どうしても気力が湧いてこない。いつの間にか怠けてしまう。そんなときって、誰にでもあると思います。

人間だもの、仕方ないじゃない……。そう言いたい気持ちはやまやまですが、それでは済まないのが人生の厳しいところ。ここは一つ、ビシッと叱ってくれて、ピリッと気合いが入るような言葉を読みたいところです。自分がなんのために働いているのか、あらためて自覚させてくれる言葉もあわせて並べてみました。

努力した者が全て報われるとは限らん。しかし、成功した者は皆すべからく努力しておる!

——『はじめの一歩』

人気ボクシング漫画『はじめの一歩』から、多くの選手を育て上げる名伯楽、鴨川会長の言葉です。母ひとり子ひとりで育ち、いじめられっ子だった主人公、幕之内一歩をあるときは厳しく指導し、あるときは温かく見守る好人物です。

努力した者が報われるとは限らないということを示したうえで、成功するためには必ず努力しなければいけない現実を教える。〝持たざる者〟だった一歩がチャンピオン=成功者への階段を駆け上がるためには、努力するのが当たり前、怠ける心を持つことなど許されません。

敵と戦う時間は短い。

自分との戦いこそが明暗を分ける。

――王 貞治

世界記録となるレギュラーシーズン通算本塁打868本を記録した、〝世界の王〟こと王貞治。野球に関して一切妥協を許さず、自分に厳しかった現役時代、その練習に対する姿勢は、辛口で知られる野村克也も驚くほどでした。

野球の試合は一日に数時間、そのうち打者である王が相手の投手と相対する時間はわずか十数分のこと。つまりそれ以外の時間はすべて、自身の鍛錬《たんれん》に充《あ》てなければいけません。それはまさに自分との戦い。怠けてしまえば、すべて自分に返ってくるのです。

今日の「一分」を笑う人は明日の「一秒」に泣く。

――フィリップ・チェスターフィールド

イギリス最大の教養人と言われ、政治家としても活躍したチェスターフィールド。今でも多くの人に読み継がれる彼の著書『わが息子よ、君はどう生きるか』にあるメッセージは、簡潔かつ、的を射ています。

たとえば、会社での仕事のことを考えてみてください。一人に課せられた仕事の量は膨大です。しかも、電話、メール、社内の会議、上司の命令、部下からの相談……多方向から舞い込んでくるさまざまな用件を、なんとなく気が乗らないから、誰にも何も言われないから、といって一日延ばしにしていると、あっという間にしなければいけないことが増えていってしまいます。

追いまくられた状況で、一つひとつの案件に対してまともな判断ができるでしょうか？できることを、今日のうちに確実に片付けていく。スムーズに仕事をしていくうえで、最も大切なことかもしれません。

明日はなんとかなると思う馬鹿者。
今日でさえ遅すぎるのだ。
賢者はもう昨日済ましている。

——チャールズ・ホートン・クーリー

今日でさえ遅すぎるって、そんな。アメリカの社会学者、クーリーによるキツい言葉を。我々はそうそう〝賢者〟になどなれっこありません。だからといって〝馬鹿者〟と呼ばれるのもまっぴらです。

今日できることは今日片付ける。それは自分との戦いです。努力しても報われないかもしれませんが、それでも努力しなければ明日は開けません。怠けていたって、自分がつらくなるだけですよ？

仕事は客のためにするもんだ。ひいては世の中のためにする。その大原則を忘れたとき、人は自分のためだけに仕事をするようになる。自分のためにした仕事は内向きで、卑屈で、身勝手な都合で醜くゆがんでいく。

――『半沢直樹』シーズン2

人気ドラマ『半沢直樹』より、主人公の半沢直樹が後輩に語りかけた言葉です。

私腹を肥やす人物や腐敗した組織に敢然と立ち向かった半沢ですが、彼が何より大切にしていたのは「仕事は客のためにするもの」という考えでした。誰かが自分を頼りにしている、誰かの助けになっていると思うからこそ、仕事であれだけのやる気と馬力を発揮できるのでしょう。

「生活費のために働こう」「金を稼ぐために働こう」と考えることも悪くはありませんが、やる気が落ちてきてしまったら、「お客さんのために働こう」と考えてみましょう。お客さんの笑顔がやる気につながります、きっと。

おれ、仕事っていうのは、自分と世の中の人たちをつなぐパイプだと思ってんだ。

――**『包丁人味平』**

グルメ漫画の先駆けとなった『包丁人味平』。主人公の塩見味平が「多くの人に美味しいものを食べてもらいたい」とコックを志し、中学卒業と同時に社会へ飛び出して街の洋食屋で働いたり、漁港の旅館で修業を積んだりとさまざまな経験を重ねていく物語です。

街でカレー屋台をひいていた味平は、虚無的な生き方をする資産家の娘で暴走族のリーダーである梨花という少女と出会い、「あんたってしあわせだね。自分の生きる目的があって」と語りかけられます。それに対する味平のセリフがこの言葉です。「自分ひとりのことだけ考えていきてるんなら、まるで無人島でひとりくらししているようなもので、おもしろくもなんともないじゃないか」と。

一生かけて他人と関わりあっていくからこそ、世の中は面白い。だからこそ働くのだと味平は語るのです。

聖なる好奇心をもちたまえ。

――アルベルト・アインシュタイン

天才物理学者、アインシュタインは、この〝聖なる好奇心〟のおかげでさまざまな素晴らしい業績をあげることができました。仕事に対する好奇心がなくなってしまえば、毎日はつまらないものになってしまいます。逆に、どんな仕事だって好奇心を発揮すれば輝きを帯びてきます。仕事が楽しくなれば人生だって楽しくなりますよね。

今の仕事がつらくて仕方がないとき

仕事というものはつらいものです。なかには、朝起きても、仕事に行きたくないと思ってしまうような、仕事が本当につらくて仕方がないと感じている人もいると思います。

仕事が多すぎるゆえの長時間労働による疲労、どれだけ働いても低賃金であることによる生活苦、職場の人間関係によるストレス、外的要因による売り上げの低下、将来への不安……。ひょっとして現代の日本では、幸せに働いている人のほうが少ないのかもしれません。

仕事のつらさから脱するのは容易ではありません。だけど、何か一つでもヒントになればいいと考えつつ、言葉を集めてみました。

苦しみから抜け出す方法はたった一つ。
他の人を喜ばせることだ。
「自分に何ができるか」を考え、それを実行すればよい。

——アルフレッド・アドラー

オーストリア出身の心理学者、アルフレッド・アドラーの言葉です。彼の考え方を解説した書籍『嫌われる勇気』がベストセラーになったことで、日本でも広く名前を知られるようになりました。

アドラーはこんなことを言っています。

「人生が困難なのではない。あなたが人生を困難にしているのだ。人生はきわめてシンプルである」

つまり、自分がつらいのは、何かのせいではなく、自分の選択が良くないからだというのです。これは安易な自己責任論ではありません。自分の人生を設計するのは自分、自分の運命など選択次第でどうにでも変えていける、ということなのです。

この言葉は、アドラーが神経症や不眠症に苦しむ人に与えたアドバイスですが、仕事のつらさから脱するためのヒントにもなると思います。同僚、上司、部下、取引先、顧客など、自分が関わる人を喜ばせるにはどうすればいいかを考え、できる範囲で実行していく。相手を喜ばせ、感謝の言葉をもらうことで、はかりしれない充実感を得ることができます。

今の仕事に漠然としたつらさを感じている人は、一度、試してみてはいかがでしょう？

外部環境の変化に悩むよりも、自分は何をしたらいいかを考えること、自分に返してみること、そして何よりも日々精進して、今という時間を大事に、100%、200%努力すること。これが未来を変えていくのではないでしょうか。

——**高田 明**

高田明、と言われてもピンとこない人が多いかもしれませんが、ジャパネットたかたの創業者、と言われればわかるでしょう。

自ら通販番組に出演し、独特のイントネーションとわかりやすい商品説明で人気を集めた彼は、ただの目立ちたがりではありませんでした。ジャパネットたかたでは「客に責任を持つためには自前でやるしかない」という理念のもと、アウトソーシングを一切せず、コールセンターから通販番組まですべて自社で運営しています。人気企業の社長という地位に安住せず、率先して自ら姿勢を示す。これが彼の言う「100%、200%努力すること」の一端でしょう。

トラブルや困難がふりかかってきても、それを嘆いているだけではなく、まずは自分にできることを探してみて、やってみる。それでもどうしようもなくなったら、また別の道を探せばいいのです。

―世の中ってオレより頭のいい人のほうが多いんだ。―

―高田純次

すごく当たり前のことを言っているようですが、これぐらいはっきりと口にした人は少ないと思います。〝適当男〟と呼ばれるタレント、高田純次だからこそ言える言葉なのかもしれません。彼の著書『適当手帳』からの一節です。

これぐらいの気持ちで開き直ってしまえば、怖いものもなくなるでしょう。ただ、謙虚になればいいというわけではありません。謙虚ながらもしたたかに、「頭のいい人」たちを利用する。上司、同僚、場合によっては部下にだって、頼るべきところは頼ってしまいましょう。

失敗のなかには、可能性がふくまれています。これも、野球をつづけるおもしろさなんです。

――イチロー

球史に残る偉業を次々と成し遂げた大打者、イチローの言葉です。

仕事で失敗してしまった経験、あるいは仕事で失敗したくないという恐れから、仕事のつらさが生まれることがあります。

しかし、失敗からは学ぶことがたくさんあり、それは自身の成長を促します。つまり、そこにはイチローの言う「可能性」があるということです。失敗したからといって前進する気持ちそのものを失ってしまっては、せっかくの可能性を活かすチャンス自体も失われてしまいます。

たしかに、今は何度も失敗を許されるような寛容な社会ではないかもしれません。しかし、失敗したままでは〝失敗した人〟の烙印《らくいん》を消し去ることができません。失敗から立ち上がり、次のチャンスで活かすことができれば、前の失敗など笑い話にすることができるでしょう。

挫折は過程、最後に成功すれば、挫折は過程に変わる。だから成功するまで諦めないだけ。

――本田圭佑

元サッカー日本代表で、数々の海外クラブチームを渡り歩くプロサッカー選手、本田圭佑の言葉です。

思うようにいかないことがあるのは当たり前、一度や二度の挫折があるのも当たり前。でも、そこで気力を失ってしまったり、目標を見失ってしまったりしては、人生に深い痛手を残しかねません。しかし、大きな失敗や挫折があったとしても、目標にたどりつくことができれば、それは過程の一つとして良き思い出に変わります。

途中で目標を変えてしまうのも一つの手でしょう。一つの道で挫折しても、もう一つの道でうまくいけば、その挫折は成功のために必要な過程だったということになります。

どんなに失敗や挫折がつらくても、自分なんてダメだとあきらめてしまわないことが何より大切なのです。

逃げて怒られるのは　人間ぐらい
ほかの生き物たちは　本能で逃げないと　生きていけないのに
どうして人は「逃げてはいけない」なんて答えに
たどりついたのだろう

――森田真由

これは二〇一六年七月二八日の「産経新聞」に掲載されていた、一三歳の少女による詩の一節です。発表されると、インターネットで大きな話題となりました。

かつては「石の上にも三年」などと言われましたが、今の時代はどうしても仕事がつらければ、逃げ出さなければいけないこともあります。

たとえば、「ブラック企業」と呼ばれる会社は、人の尊厳を踏みにじり、人を使い捨てることを良しとして利益を追求しています。そんな場所で頑張って耐えていても、何もいいことはありません。ブラック企業ではなくても、ハラスメントが横行していたり、明らかな低賃金だったりする職場で、無理をして働き続けることはありません。

メンタルが壊れてしまえば、回復までに数年を要することになり、人生に悪い影響を与えることになります。

何事も簡単にあきらめてはいけませんし、努力することも必要ですが、「逃げてもいい」という選択肢を持っておくことも大切だと思います。

仕事の壁にぶち当たったとき

毎日のルーティン作業が苦痛で仕方ない、仕事が山積みになっているのに集中できない、大きな目標や理想があるのに前進している実感がない……。大きな失敗をしたわけでもないのに、見えない壁に行く手を塞《ふさ》がれているような感覚を味わっていませんか？

この見えない壁を乗り越えないと先には進めません。この場合、環境を変えても失敗は目に見えています。なぜなら、そこでもまた、同じ壁がやってくるのですから。

壁を乗り越えるためのヒントになる言葉を集めました。

――小さいことを積み重ねるのが、とんでもないところへ行くただひとつの道だと思っています。――

――イチロー

イチローが現役時代、毎日欠かさずルーティンワークをこなしてから、試合に向かっていたことはよく知られています。さまざまな記録を達成して、大打者として崇《あが》められるようになっても、毎日毎日、小さな努力、準備を欠かしたことはありませんでした。

小さな仕事、小さな努力、それをコツコツと積み重ねていくことが、大きなことを成し遂げるための唯一の道。近道も一発大逆転もありません。目標を定め、今いる場所で地に足をつけて踏ん張ってみること。イチローはその大事さをよくわかっていたのでしょう。

――壁の乗り越え方は人それぞれですが、自分の弱みと向き合ってみたら、きっとその乗り越え方が分かると思います。――

――羽生結弦

オリンピック二大会連続金メダリストで、国民栄誉賞最年少受賞者でもあるフィギュアスケーターの羽生結弦は、壁の乗り越え方を「自分の弱みと向き合って」みることだと語っています。

この言葉は、二〇一八年の平昌オリンピック直前のもの。羽生は前年の一一月に故障してしまい、オリンピックにはぶっつけ本番で臨まなければいけませんでした。それでも彼は冷静に自分のコンディションを見つめ直し、故障した状態ではできない技を確実な技と入れ替えるなどして、完璧な滑りをしてみせたのです。自分の弱点と冷静に向き合い、それを回避したことで五輪史上に残る連覇を成し遂げたわけです。

俺はトレーニングが大嫌いだった。
でも、自分にこう言い聞かせたんだ。
「絶対にあきらめるな。今は耐えろ。
そして残りの人生をチャンピオンとして生きろ」

――モハメド・アリ

ぶれない長期の目標（ビジョン）に向かって、

「蝶のように舞い、蜂のように刺す」と形容され、一世を風靡《ふうび》した名ボクサー、モハメド・アリ。常に大口を叩いて世間を騒がせながら、高速のパンチと華麗なフットワークで次々と対戦相手をリングに沈めていく。そんな彼のスタイルを支えたのは、激しいトレーニングでした。

大口を叩いても実力が伴わなければ、物笑いの種になるだけです。試合前のＫＯ宣言は、相手を挑発するとともに自分を追い込むための手段だったのでしょう。

また、アリの人生は栄光ばかりではありませんでした。幼いころから人種差別を受け続け、ベトナム戦争の徴兵を忌避したときは四年間も試合を禁じられるなど、数多くの挫折を経験しながら、そのたびに不屈の闘志で立ち上がり、三二歳のときには史上最強と呼ばれた若き王者ジョージ・フォアマンを「キンシャサの奇跡」と呼ばれる名勝負で倒し、チャンピオンに返り咲きます。苦難の連続だったボクシング人生を支えてきたのも、「絶対にあきらめるな。今は耐えろ」という気持ちだったのだと思います。

しっかり努力していく(ワークハード)。シンプルですが、実践するのは難しい。

――山中伸弥

iPS細胞を研究・開発し、二〇一二年にノーベル医学・生理学賞を受賞した京都大学の山中伸弥教授が、自身の研究を支えた考え方について述べた言葉です。

手術が下手で臨床医になることをあきらめ、研究者に転身し、三一歳でアメリカ・サンフランシスコに留学。ここで出会った所長から学んだのが「VW（Vision & Work hard)」という考え方でした。単にハードワークをするだけでもダメ、ビジョン（長期的目標）を持つだけでもダメ。両方を持つことが何より大切だというものです。

壁を感じているときは、自分では一生懸命頑張っているつもりでも、実はビジョンを見失っている……ということがありがちです。あらためて、自分は何を目指して、なんのために頑張っているのか、目標を達成するにはどう働けばいいのかを考える時間を持つことが、壁を突破するきっかけになるのかもしれません。

私は天才ではありません。ただ、人より長く一つのことと付き合っていただけです。

――アルベルト・アインシュタイン

生涯を通して理論物理学という学問に取り組み続け、数多くの業績をあげたアインシュタインの言葉です。

難問にぶつかってもあきらめずに考え続けることが、壁を突破するための唯一の道。小さな論理の積み重ねでも、その繰り返しがアインシュタインに偉大な業績をもたらしたのでしょう。

独立の気力なき者は必ず人に依頼す、人に依頼する者は必ず人を恐る、人を恐るる者は必ず人にへつらうものなり。

――福沢諭吉

封建制度を嫌い、西洋文明を積極的に取り入れた明治時代の教育者、福沢諭吉。彼の著書『学問のすゝめ』からの一節です。

家柄で多くのことが決まる時代から、個人の実力が問われる時代への変化を体験した福沢は、自分の力でぶつかっていくことの大切さを説いています。

自分の未来を切り開いていけるのは自分だけ。多少の疑問や不安があっても、それにとらわれて手足が止まってしまっては、前進はありません。見えない壁にぶつかっても、一つのことを少しずつでも積み重ねていくことで、壁を乗り越えることができるのです。

躊躇して新しい仕事に挑戦できないとき

まだ経験したことのない、新しいことをしようとするとき、どうしても臆病になってしまうことがあります。それは社内での新しい仕事でもそうですし、転職のときにも同じことが言えるでしょう。

また、仕事をしていても、将来に漠然とした不安を抱くことが多いと思います。今の仕事はいつまで続けられるのだろうか、この仕事を続けていてもいいのだろうか、いつか仕事を失ってしまわないだろうか。

しかし、不安にさいなまれ続けるだけでは明るい未来はやってきません。そんなとき、グッと背中を押してくれる言葉を紹介します。

俺の敵は、だいたい俺です。

――『宇宙兄弟』

小山宙哉による人気コミック『宇宙兄弟』は、名言、名ゼリフが多い作品としても知られています。そのなかでも一、二の人気を誇るのが、主人公・南波六太が語ったこの言葉です。

いろいろな言い訳を作って「宇宙飛行士になる」という夢から逃げていた六太。でも、彼は気づいていました。夢を追う自分を邪魔して足を引っ張り続けているのは、ライバルでも周囲の環境でもなんでもなく、自分自身であることを。

グズグズしていた六太の気持ちもよくわかります。挑戦しなければ、夢がかなえられない代わりに厳しい現実を知ることもありません。いつまでも夢を見ていることができます。

だけど、それでは人生が終わるときに「あのとき挑戦しておけばよかった」と後悔することになりかねません。

新しい何かに挑戦しようとするときに躊躇《ちゅうちょ》してしまうのは、自分自身が足を引っ張っているから。まずはそのことを理解したうえで、次に自分がどうすべきかを考えればいいと思います。

どんな仕事でも「得意です！」と答えて、受けてから勉強するようにしていました。

――リリー・フランキー

イラストレーター、コラムニストにして、ベストセラー小説『東京タワー』の作者であり、何より俳優としても大活躍しているリリー・フランキーの言葉です。ちょっといい加減に聞こえる言葉かもしれませんが、彼のマルチな才能はこうして出来上がっていったのだと思うと合点がいきます。

このご時世、仕事のチャンスがあるだけでもありがたいこと。躊躇せずチャレンジできれば、思いもよらぬ可能性が花開くことになるかもしれません。

―才能を疑い出すのがまさしく才能のあかしなんだよ。―

――ホフマン

ドイツの幻想文学作家、ホフマンの短編「G町のジェズイット教会」からの一節です。

日本人は「恥」の意識が強いと言われています。新しい仕事に挑戦するときに躊躇するのは、「失敗したら恥をかいてしまう」という気持ちのせいなのだと思います。それは自分の能力、才能に対する自信のなさにつながっているのでしょう。

しかし、ホフマンは自分の才能を疑うことだって一つの才能なのだと語っています。自分の能力を疑い、それを見極める能力は重要です。

ただし、だからといって「自分には無理だ」と尻込みばかりしていてはいけません。自分に足りない部分がわかれば、それをどうやって補うかを考えること。そうすることによって新しい仕事にだって挑戦していけるはずです。

恐怖は常に無知から生ずる。

――エマーソン

一九世紀のアメリカの思想家、エマーソンの言葉です。

仕事に限らず、何かを恐れるのは相手のことを知らないから。でも、「あいつが新しい仕事にビビってるのは無知だからだ」なんて他人に思われて、我慢できますか？

知らなければ、知ればいい。知ってしまえば、こっちのものです。

あなたが現状を変えられる唯一の人間だ。あなたの夢が何であれ、それを追いなさい。

――マジック・ジョンソン

ＮＢＡ史上最高のポイントガード、マジック・ジョンソン。彼の名前は、ＨＩＶウイルスへの感染というショッキングな形で、あらためて多くの人に知られることになります。

不本意にもＮＢＡからの引退を余儀なくされたジョンソンですが、そこでくじけてしまうことはありませんでした。自ら積極的にＨＩＶに関する啓蒙活動に参加し、ついには奇跡のＮＢＡ復帰を果たします。

自分の運命は自分で切り開く。誰かがいつか手をさしのべてくれるのを待っていては、何も始まりません。足がすくんで動けないまま、不安に押しつぶされてしまうでしょう。

未来が不安に包まれていようとも、夢を追い続けることの大切さをジョンソンは教えてくれているのです。

人生には解決なんてない。ただ、進んでいくエネルギーがあるばかりだ。そういうエネルギーをつくり出さねばならない。解決はその後でくる。

——アントワーヌ・ド・サン＝テグジュペリ

時代と国境を超えて愛され続ける『星の王子様』の著者、サン＝テグジュペリの言葉です。

なぜ将来が不安なのか、もう一度考えてみてください。それは誰かが決めた人生のレールから自分がはみ出してしまった、あるいははみ出しそうになっているから不安にさいなまれているのではないでしょうか？

でも、実はそんなレールなんてありません。人生には解決がない、つまり正しい答えなどないのです。あなたはあなたの人生を生きればそれでいい。ただ、サン＝テグジュペリが言うように、前に進むエネルギーを持つことが大切なのです。

では、〝前に進む〟とはどういうことでしょう？　それには自分なりの夢や目標を持たなければなりません。目標を定めれば、そこへ向かう道があなたにとって「前」になります。そう、今いる自分の場所と目標を結ぶレールが、あなたの人生のレールなのです。

―つねによい目的を見失わずに努力を続ける限り、最後には必ず救われる。―

――ゲーテ

ドイツが生んだ偉大な詩人、ゲーテの詩劇『ファウスト』からの言葉です。

目標や目的は、濃い霧のような不安に包まれた未来を照らす灯台のようなもの。そこを目指して着実に歩いていきましょう。たとえ灯台に到着しなかったとしても、そこに近づいたという結果は残るのですから。その経験はいつか必ず役に立ちます。

「断じて行えば鬼神もこれを避ける。」

――西郷隆盛

幕末の英雄、西郷隆盛の言葉です。

恐ろしい鬼神だって、人の決意と行動の前には尻尾《しっぽ》を巻いて逃げ出していきます（鬼神に尻尾はないでしょうが）。将来の不安なんて、あなたの心と行動次第で雲散霧消してしまうに違いありません。

自分の運命を会社や他人に預けて安心していられる時代は終わったと言っていいでしょう。行く道は薄暗いままかもしれませんが、それを切り開いて疾駆していくには、目的を定め、そこに向かうエネルギーを持ち、自分自身の足で一歩ずつ歩んでいかなければならないのです。

第2章

人間関係に効く名言

今の時代において、多くの人が抱える最も現代的な悩みは、人間関係やコミュニケーションについてのものだと思います。

これらは、仕事やお金と違って、目に見えるものでもなければ、良好でないと生活に支障をきたすものでもありません。他人と密な人間関係やコミュニケーションをとらなくても、生活そのものはやっていけます。

しかし、同時に孤独や孤立が大きな問題になってきています。高齢者だけではなく、若い世代にも孤独や孤立がひろがっているのです。

一方で、インターネットとＳＮＳの発展によって生まれた、新しい人間関係とそれによって生じるトラブルも多くなってきました。「ＳＮＳ疲れ」が大きなストレスとなっている人もいるようです。

言うまでもありませんが、友人や仲間は大切なものです。一緒に楽しい時間を過ごすことができる、あるいは苦境に陥っていれば手をさしのべてくれるのが友人です。また、仕事でも生活の場でも、お互いに刺激し合い、切磋琢磨《せっさたくま》しながらともに成長していくことができる仲間がいるのも幸せなこと。

ところが、どうやって友人を作ればいいかわからない、あるいは他人との付き合い方自体がわからない。そんな人が増えているのではないでしょうか？

表面上はそつなく人付き合いをしていても、どれも上辺《うわべ》だけの関係で、心から打ち解けている感じがしない。本当に自分のことを理解してくれている人が、まわりにいるとは思えない。たった一人で海の底にいるような、とてもつらい孤独感にさいなまれてしまうことがあると思います。

現代において、人とのつながりはより重要性を増してきていると考えていいでしょう。仕事や収入が安定しないこんな時代だからこそ、お互いに悩みを相談したり、助け合ったりすることができる友人の存在が大切になります。

しかし、人間関係の希薄さ、コミュニケーションがうまくいかないことによって生じる孤独感によって、人々の〝生きづらさ〟はさらに増してしまっています。

この章では、良い人間関係を築いていきたいという気持ちを後押しするような言葉、コミュニケーションが苦手な人にとってなんらかのヒントになるような言葉を集めてみました。

他人とどう付き合ったらいいのかわからないとき

人間関係は大事なものだとわかっていますが、他人とうまく付き合っていくのは難しいものです。人間関係に悩んでいると、いつも親しい友人に囲まれているような人が眩《まぶ》しく見えます。

では、どうすれば円滑な人間関係を築き、親しい友人を作ることができるのでしょうか？　人付き合いのコツを学んでいきましょう。

感謝は人間関係がうまくいくコツです。あなたは自分の夫に妻に、家族に友人に、上司に部下に感謝していますか？

――ジョセフ・マーフィー

自己啓発の分野の第一人者であり、『あなたも幸せになれる』などの著書が日本でもベストセラーになったジョセフ・マーフィー。彼のアドバイスは具体的で、明快です。

人間関係で大切なのは、とにかく相手に感謝すること。感謝の気持ちは必ず声に出して、しっかりと伝える。不平や不満は脇において、感謝の気持ちを優先させる。もちろん、いちいち見返りは求めない。

感謝の気持ちが相手に伝われば、人間関係も変わってくるでしょう。まわりのあなたを見る目も変わってくるはずです。

――人付き合いがうまいというのは、人を許せるということだ。――

ロバート・フロスト

続いて、ピューリッツァー賞を四度も受賞したアメリカの詩人、ロバート・フロストの言葉です。

人と接していると、当然嫌なことや腹の立つことがあります。しかし、それで気分を害していたり、相手が謝ってくるのを待っていたりしても事態は何も好転しません。どこかで愚痴を言うか、ストレスを溜め込むか、せいぜいそのどちらかです。

腹の立つ相手がいたら、なぜその人がそんな態度や行動をとるのか考えてみましょう。

相手のことを理解したうえで、心の中で「しょうがないなぁ」とつぶやいて許してみる。

人を許すということは、広い心を持つと同時に、他人の価値観を認めるということです。

多様な価値観を認める人こそ、本当の意味で人付き合いのうまい人なのでしょう。


人が私のことを知らないということなどは気にかけず、私自身が人のことを知らないということを気にかけよ。

――孔子

孔子の言葉を弟子たちが集めた『論語』の一節です。元の言葉は「子曰く、人の己を知らざるを患えず、己の人を知らざるを患えん」。

誰でも自分のことを理解されると嬉しいものです。しかし、そればかりではいけないと孔子は語っています。

自分のことを理解してほしいのなら、まず他人のことを知って理解しようと努力すること。それがいい人間関係を築くコツなのです。

真の友人は正面から君を刺す。

――オスカー・ワイルド

これはつまり、過《あやま》ちをズバリと指摘してくれる人こそ〝真の友人〟である、ということです。耳が痛い指摘をしてくれる人は大切にすべきであり、疎《うと》んじて遠ざけてしまってはいけません。イギリスの大作家にして、トラブルメーカーで周囲にたくさんの迷惑もかけたオスカー・ワイルドらしい言葉だと言えるでしょう。

お互いに正面きって悪いところを指摘し合うことは、摩擦を生むこともありますし、正直面倒くさい。しかし、それを避けることが無難で円滑な人間関係の秘訣《ひけつ》だと思っていたら間違いです。

〝無難な人〟は、相手にとって〝どうでもいい人〟である可能性が高い。気がついたら、まわりには誰もいなくなってしまうことだってあるのです。

友人に本心を伝えることは、二つの相反する結果をもたらすということである。それは喜びを二倍にし、悲しみを半分に切りつめるからである。

――フランシス・ベーコン

『ベーコン随想集』より、イギリスの哲学者、フランシス・ベーコンの言葉です。

友人に心を開いて本心を伝えることができれば、喜びは二倍になり、悲しみは半分になる。つまり、いいこと尽くしです。

しかし、多くの人たちと表面だけの付き合いを繰り返して楽しい日々を過ごしていても、自分の本心を素直にすべて打ち明けられる友人が増えるとは限りません。出会いが友情に変わり、自分の本心を伝えられる友人になるには時間がかかります。お互いに喜びも悲しみも分かち合える友人になるには、多くの時間を共有することが大切なのです。

友情には絶えず怠らぬ修繕が必要である。

――サミュエル・ジョンソン

シェイクスピアの研究で名高いイギリスの文学者、サミュエル・ジョンソン。彼は警句の名手としても知られ、数多くの名言を遺しています。

一度仲が良くなった相手でも、時間が経てばその友情は薄らいでしまうでしょう。また、相手のことを理解しているつもりでも、そのままにしておけば、相手の変化についていけない場合があります。常に相手の様子をうかがう必要はありませんが、お互いのことを理解して信頼関係を継続していくためには、ジョンソンの言う「怠らぬ修繕」が必要なのかもしれません。相手が苦境に陥っているのにそれを知らないまま、あるいは無関心なままでは、友人だと胸を張ることもできないでしょう。

友達って、必要ではあるけれど、そんなにたくさんはいらない。二、三人いればことたりる。

——松本人志

お笑いのカリスマ、ダウンタウンの松本人志。彼と先輩芸人、島田紳助との共著『哲学』からの言葉です。

友人の数を自慢する人って、どうにも信用しにくくはないでしょうか。友人そのものよりも数のほうが大事なの？　と思ってしまいます。

逆に、自分には友人が少ないと思い悩む人には、そんな必要はないと声をかけたくなります。松本の言うように、厚い信頼に結ばれた友人は二、三人でもいい。もっと言えば一人だっていい。友人を無理やり増やそうとするよりも、今、目の前にある友情を大切にするべきだと思うのです。

友情とは成長の遅い植物である。
それが友情という名の花を咲かすまでは、
幾度かの試練、困難の打撃を受けて堪えなければならない。

——**『キン肉マン』**

一九八〇年代にブームを巻き起こし、今なお人気のある漫画『キン肉マン』。主人公のキン肉マンが仲間との〝友情パワー〟で幾多の困難を乗り越えていく物語です。

これは「キン肉星王位争奪編」の最後に登場した言葉。実はアメリカの初代大統領、ジョージ・ワシントンの言葉からの引用です。

ただの〝つながり〟を超えた友情は、すぐに手に入るものではありません。その間には、すれ違いや行き違いもあるでしょう。何かに耐えたり、許したりする必要もあるかもしれません。時には相手のために尽くしたりすることも必要になると思います。

ちょっとイラ立ったから、あるいは得にならないからといって、すぐに相手との関係を断ち切ってしまっていては、けっして友情は育ちません。揺るぎない友情を手に入れるには、長い年月をかけてやりとりを積み重ねていかなければいけないのです。

人に理解されないと感じるとき

幼いころからプレゼンテーションの方法を学ぶ欧米人に比べると、日本人は自分のことを主張して他人に理解してもらうことが苦手だと言われます。「以心伝心」「阿吽《あうん》の呼吸」「言わずもがな」「空気を読む」など、言葉を発せずとも意思を疎通させることを示す言葉を日本人が好むのも、その表れでしょう。

しかし、自分のことを伝えるのが苦手なままでは、他人から誤解されても仕方ありません。誤解されたままでは、良い人間関係を作っていくのは難しいでしょう。

どうすれば自分のことを他人に理解してもらえるようになるのか、一緒に考えていきましょう。

―ハッキリと言わなければ、かえって人を傷付けることもある。―

――黒澤　明

〝世界のクロサワ〟こと黒澤明の言葉は、先ほどの話で言えば、日本人離れしているのかもしれません。しかし、物事を遠回しに伝えようとしたり、無理やり空気を読んでもらおうとして誤解を招いてしまったりすると、結局、他人も自分も傷つく結果に終わってしまうことがあります。ならば言いたいことははっきり伝えてしまったほうがいい場合がある。

「どう思われても、時間が過ぎて、なるほどと思われればいい。今、人に嫌われなければいい、そういうものじゃないよ」

これも黒澤の言葉です。自分なりに筋を通した言葉なら、相手にだって届くはず。そこから自分を理解してもらうきっかけが生まれるのです。

おしゃれをする、或いは気持ちよく身じまいをすることは、生きて行く上の、生き甲斐でもある。ちょっと大袈裟に言うと、人としての義務である。おしゃれは自分のためにだけするのではなく、半分以上は、自分に接する人たちの眼に、気持ちよく映るように、と思ってするのだから。

――宇野千代

女性の幸福についてのエッセイも多数著した小説家、宇野千代の『幸福を知る才能』からの言葉です。

戦前に女性向けファッション雑誌を創刊するほどおしゃれに敏感だった宇野は、文壇の大物となってからも着物デザイナーとしての仕事を続けていました。彼女にとっておしゃれが生きがいであったことは、彼女の人生と照らし合わせればよくわかります。しかし、そのおしゃれを「人としての義務である」と言い切ってしまうのがすごいところ。
まわりの人の気分を良くするようなおしゃれができれば、その人への気持ちも変わってくるでしょう。おしゃれは相手に「もっと知りたい、もっと理解させたい」という気持ちを抱かせる一つの方法なのです。

人と話をする時は、その人自身のことを話題にせよ。そうすれば、相手は何時間でもこちらの話を聞いてくれる。

――ベンジャミン・ディズレーリ

見かけをさっぱりとさせたら、次は話し方のレッスンです。一九世紀イギリスの首相、ディズレーリの言葉を見てみましょう。
相手の話題ばかりしていたら自分のことを理解してもらえないじゃないか、と思う方もいるでしょうが、それは間違いです。自分のことに興味を持っている、と相手に感じてもらうことは、相手側のこちらへの関心へと跳ね返ってきます。逆に、自分のことばかり一方的に話をしても、相手の興味は一向にこちらへは向かないでしょう。

――上手なあいづちは、人の心の真実を汲み出す誘い水である。――

吉川英治

『宮本武蔵』などで知られる文豪、吉川英治による、会話術の奥義です。いかにも簡単そうに見えますが、あいづちにも「上手《じょうず》」と「下手《へた》」があることは学んでおいたほうがいいでしょう。

ただし、これはテクニックではありません。相手への関心がそのまま表れるのが会話の中のあいづちです。相手に関心がなければ、自然とピント外れなあいづちになってしまいます。「人の心の真実を汲み出」せず、相手に心を閉ざされてしまっては、自分を理解してもらうことなど、はるか彼方の遠いことになってしまうでしょう。

――話し上手の第一の要素は真実、第二は良識、第三は上機嫌、第四は機知。――

――ヘンリー・ジョン・テンプル

ディズレーリと同じく、一九世紀にイギリスの首相を務めたヘンリー・ジョン・テンプル。パックス・ブリタニカの時代に外交を一手に取り仕切っていた、まさに交渉のプロ中のプロと言えるでしょう。

彼の語る会話術はシンプルでストレートです。嘘をつかない、真面目な態度で臨む、微笑《ほほえ》みを絶やさない。日本人が最も苦手なユーモアだったりウイットだったりは、順番の最後に追いやられています。これなら誰でも応用できるのではないでしょうか？

他人と関わることがわずらわしいと思うとき

友人との付き合いがわずらわしい、恋人のご機嫌取りもまっぴら、親も上司も同僚も自分のことには口出しをしてほしくない。誰にも気兼ねなく、たった一人で部屋にこもって好きなことをしていたい。そんな人が増えているのではないでしょうか？

あるいは、完全に他者との関係を拒絶するまではいかなくとも、心が〝ひきこもり〟になってしまっている人は少なからずいると思います。

インターネットとＳＮＳの発展によって、人付き合いがわずらわしくなってしまった面も無視できません。「ＳＮＳ疲れ」は数年前から言われています。

このような時代だからこそ、あらためて他人と関わることの大切さに目を向けなければいけないのかもしれません。他人と関わることがわずらわしいと思うとき、読んでほしい言葉を並べてみました。

友人がいなければ、誰も生きることを選ばないだろう。たとえ、他のあらゆるものが手に入っても。

――アリストテレス

強い言葉で友人の大切さを説いているのは、西洋最大の哲学者とも言われる古代ギリシアの哲学者、アリストテレスです。

彼は大著『ニコマコス倫理学』の八巻と九巻で「友愛」について考察しています。この言葉もその一節です。

友人たちとの良い関係は、善行を生み、貧困に苦しむ者にとっての助けとなり、若者にとっては過ちを犯さないため、老人にとっては失敗を助けてもらうために必要なものだと、アリストテレスは説いています。多くのものを持っていても、何も持っていなくても、大切なのは友人の存在だということです。


真の友をもてないのはまったく惨めな孤独である。友人が無ければ世界は荒野に過ぎない。

――フランシス・ベーコン

アリストテレスと同じように、友人のいない世界のさびしさ、空《むな》しさを語るのは、イギリスの哲学者、フランシス・ベーコンです。

彼の別の言葉も紹介しましょう。

「結婚は人間を作り、友愛は人間を完成する」

結婚も友人との関係も、どちらも他人と深く関わり合うことを示しています。人間は一人で作り上げられるものでも、完成するものでもなく、他人との関わり合いのなかで作られていくものなのです。

そのひとのことをだれも話さない、
それに、だれにも話しかけてもらえない、
なんてひとがいたら、そのひと、
だんだん消えてってしまうにちがいないぞ。
だって、自分がいるって、信じられなくなってしまうもの。

――トーベ・ヤンソン

日本でも人気の「ムーミン」シリーズ。このセリフが出てくる『ムーミンパパ海へ行く』というお話は、ほのぼのとしたタッチのなかに非常に重いテーマを忍ばせています。
幼く純粋なムーミントロールが素朴な言葉で語るのは、人と人との関係性のこと。人は人と関係を持つことによって、その存在を確かめ合うことができる。誰とも関わらず一人で生きようとしても、他人から認めてもらえない限り「自分がいるって、信じられなくなってしまう」のです。

自分の存在を信じられなくなってしまった人は、自分の存在意義を求めて暴発してしまうことがあります。その一例が無差別殺人でしょう。犯人は見ず知らずの人の命を奪うことによって、無理やりその人との関係性を作り上げてしまうのです。


なんだか、楽になったわ。誰かと話すって心地いいのね。知らなかった。

——**『ヱヴァンゲリヲン新劇場版：破』**

庵野秀明監督による『ヱヴァンゲリヲン新劇場版』四部作の第二作より、主要登場人物の一人、式波・アスカ・ラングレーのセリフです。

独りでいることを好み、他人と食事をするのも苦手、他人に合わせて楽しいフリをするのも疲れるだけ、他人の幸せも見たくないし、友人もいらないと思っていたアスカでしたが、徐々に周囲の人間に心を開き、自分を変えていく様が描かれていきました。

どんなに強い人でも、誰かに話を聞いてもらうことで心が楽になることはあるし、逆に誰かの話を聞くだけで相手を助けることもあります。一人で苦しみを抱え込まず、誰かとつながることは、とても大事なことなのです。

余談ですが、この言葉は二〇二一年四月、埼玉県川越市にある最明寺に標語として掲示されて話題を呼びました。

世の中はおおきな編み物と思ってください。
編み物は一目一目編んでいきます。
編み物の目が、右の目と左の目と、上の目と下の目と、
ずっとつながっているから次から次へとつながって、
あたたかいマフラーや素敵なテーブル掛けになるのです。
あなたはその編み物の一目なのです。

——瀬戸内寂聴

作家で尼僧でもある瀬戸内寂聴の言葉です。

社会は大きな編み物で、人はその一目。一目は小さい存在かもしれませんが、美しい編み物を作り上げるには、一目一目が大切になる。また、一目は編み物から切り離されてしまえば、一目とはみなされません。ただの糸くずです。人が編み物の一目であるには、隣の一目としっかり手をつなぐことが大事なのです。

この言葉には続きがあります。

「虫に食われたりしたら大変です。上下左右たくさんの編み目に迷惑をかけてしまう。小さくても自分がしっかりとした一目でいること。小さくてもあなたの存在は大切なのです。しっかりなさい」

あの青年は人のしあわせを願い、人の不幸を悲しむことのできる人だ。それがいちばん人間にとってだいじなことなんだからね。

——**『ドラえもん』**

のろまで落ちこぼれののび太くん。しかし彼は将来、可愛らしくて賢いしずかちゃんと結婚する運命にあります。この言葉は、成人した二人の結婚式の前日に、しずかちゃんのパパがしずかちゃんに贈ったものです。

どんなに成績が悪くても、どんなにスポーツがへたくそでも、人のことを我がことのように想うことができればそれでいい。表現が不器用だって、ちゃんと見てくれている人はいる。それで、のび太くんは生涯の伴侶《はんりょ》を得ることができたのです。

どんなに稼ぎが良くても、どんなにルックスが良くても、一人きりで孤立していたのでは大切なものを得ることはできません。心を開き、人の気持ちを思いやることができれば、友人だって恋人だって得ることができます。それは誰だってできること。あなたの存在が「消えていって」しまわないようにしなければなりません。

良好な人間関係を築きたいとき

良好な人間関係というものは、なかなか手に入らないものだと感じています。

家族や親類に始まり、職場の上司や部下、学生時代の友人たち、近所の人たちに街で知り合った人たち、ＳＮＳを通じて知り合った人たちなどなど、暮らしていれば人間関係はつきものですが、必ずしも心地良いものばかりではありません。

なかには、嫉妬や嫌悪などのマイナスの感情にまみれた人間関係もあり、関わることで心を蝕《むしば》まれてしまう危険性もあります。

ここでは、良好な人間関係を築きたいときに読みたい言葉を集めました。

真の贅沢というものは、ただ一つしかない、それは人間関係の贅沢だ。

――アントワーヌ・ド・サン＝テグジュペリ

作家であると同時に飛行士でもあったサン＝テグジュペリの体験を中心に綴《つづ》られた随筆集『人間の土地』に収められている言葉です。

人間関係は、代表作である『星の王子様』でも重要なテーマになっていました。友情や愛情も含んだまわりの人々との交流の大切さを、サン＝テグジュペリは説いていたのです。

周囲にいる人すべてと仲良くやっていきたいと考えても、それは理想論にすぎません。

実際にはなかなかそううまくはいかないでしょう。意見が合わない人、感性が合わない人、意思疎通がままならない人……。だからこそ、サン＝テグジュペリは素晴らしい人間関係を「真の贅沢」と呼んだのかもしれません。

世の中にさまざまなタイプの人がいる以上、うまくいかなくて当たり前。そう考えてみれば気も楽になります。「どうしてうまくいかないんだろう」と思い詰めるより、「うまくいったらもうけもの」と考えるぐらいのほうがいいのかもしれません。

人は、愛する人や尊敬する友人に対しては、自発的に相手を気遣い、喜ばせてあげようという気持ちが沸きたつものだ。

――フィリップ・チェスターフィールド

イギリス最大の教養人とも称されたチェスターフィールド。

彼が考える人付き合いの原点は、相手を喜ばせたいと思う気持ちを持つこと。相手から与えられているだけではダメなのです。

もし、なかなかそう思えないなら、まず愛する人や尊敬すべき友人を持つこと。そのような相手と付き合っていると、自然に相手を喜ばせようと振る舞うようになります。それが習慣になっていけば、誰に対してもそう振る舞えるようになるのではないでしょうか。

力をかりたら、次は相手が困ってる時、
お前が力をかしてやればいい。
世界ってそうやってまわってるんだ。

――**『3月のライオン』**

羽海野チカの人気コミック『3月のライオン』より、主人公・桐山零の良き相談相手である担任教師、林田高志の言葉です。

一五歳でプロの棋士になり、誰にも迷惑をかけないように一人で生きてきた零でしたが、和菓子屋を営む川本家の温かさにふれることで、徐々にかたくなだった心を開いていきます。先の言葉は、零を見守る林田先生によるアドバイス。人間関係は持ちつ持たれつで出来ている。でも、そのことを実感する機会がないまま育った人は案外、多いのかもしれません。

林田先生が零に送ったアドバイスには続きがありました。

「一人じゃどうにもならなくなったら、誰かに頼れ――でないと実は、誰もお前にも頼れないんだ」

誰かに頼みごとをするのは、恥ずかしいことではありません。それは相手に心を開いている証《あかし》でもあるからです。その代わり、助けてもらったら、しっかり感謝を伝えて、いつかお返ししていきましょう。そうやって良好な人間関係は出来上がっていくのです。

私の本質は自分を外に現して皆と交わることに向いている。何も彼もあからさまに外に出し、交際と友情に向くようにできている。

——ミシェル・ド・モンテーニュ

一六世紀のフランスの哲学者、モンテーニュの言葉です。社交家の彼らしい言葉だと言えるでしょう。

しかし、いくら社交家であっても、友人たちに対して何もかもあからさまにしてしまうことは、なかなかできることではありません。利害感情や打算のない気持ちが、彼を多くの人たちから愛される社交家たらしめていたのでしょう。

彼の真似をしなければいけないというわけではありませんが、自己愛ばかり肥大させて自分を守っているばかりでは、「交際と友情」の扉は閉ざされたままでしょう。

人への親切、世話は、慰みとしてしたい。義務としてはしたくない。

――菊池　寛

小説家であり、文藝春秋の創設者でもある菊池寛。彼が書き記した「私の日常道徳」からの一節です。

実業家としても成功した彼は、後進への金銭的援助を惜しみませんでした。芥川賞、直木賞の創設もそうした菊池の心意気から生まれたものです。成金趣味だと批判する人もいましたが、そもそも私費を投じて『文藝春秋』誌を創刊したのも、若い仲間たちが自由に発言できるメディアを持ちたいと思ったため。それが大成功してなした財を後進たちに与えているのだから、彼自身、文学の世界への恩返しという気持ちもあったのでしょう。

義務感から生まれる他人への世話は、結果として自分にも相手にもストレスになることが多いと思います。人への親切は、できることを楽しみながらすればいいのです。

同じ「私の日常道徳」には、「約束は必ず守りたい。人間が約束を守らなくなると社会生活は出来なくなるからだ。」という一節もあります。

約束は必ず守る。小学生に教えるような、ものすごく基本的なことですが、これも良い人間関係を構築していくためには大切なこと。「ならば、できない約束はしない」と考える人もいるでしょう。しかし、相手は自分を信頼してくれたからこそ、約束をもちかけてきているのです。だからこそ、それを必死になってでも守っていく。そんな心がけが必要なのではないでしょうか？

ちなみに、この言葉には続きがあります。

「ただ、時々破る約束がある。それは原稿執筆の約束だ。これだけは、どうも守り切れない」

小さなカゴの中でだれかをいじめたり、
悩んでいたりしても楽しい思い出は残りません。
外には楽しいことがたくさんあるのにもったいないですよ。
広い空の下、広い海へ出てみましょう。

──さかなクン

東京海洋大学で客員准教授を務める魚類学者、さかなクン。これは、子どもたちに向けた「いじめられている君へ」と題された朝日新聞の連載企画に、彼の友人がいじめに遭っていた経験について寄稿した文章からの一節です。

さかなクンはメジナの生態を例に挙げて説明します。メジナは広い海の中では仲良く群れて泳ぐのに、狭い水槽に入れると一匹を集中的にいじめるのだそうです。彼の友人が遭ったいじめも、部活動という小さな世界で起こりました。

狭い世界での人間関係は、誰かを傷つけることで自分の身を安全に保つということが起こりがちです。ならば、そんな場所にとらわれて、心を痛める必要はありません。もっと楽しいことがたくさんある広い世界に飛び出していけばいいのです。そこにはきっと、新しくて楽しい人間関係があるはずです。

孤独だと感じてしまうとき

生きていると、自分が孤独だと感じてしまうこともあると思います。まわりにたくさんの人がいるのに、誰も自分を理解していないと感じてしまう孤独もありますが、まわりに誰も親しい人がいなくて、会話もないまま毎日を過ごすという深刻な孤独もあります。高齢者の孤独死は社会問題になって久しく、孤立、孤独の末に亡くなってしまう「無縁死」という言葉も生まれました。

ここでは、孤独をどのように克服していけばいいのか、孤独とどのように向き合っていけばいいのかについて、孤独にまつわる言葉を読みながら考えていきたいと思います。

―最大の強者は、世界にただ独り立つ人間である。―

――ヘンリック・イプセン

この勇ましい言葉は、ノルウェーの劇作家、イプセンによるもの。『民衆の敵』からの一文です。

彼のもう一つの代表作が、一人の女性の自立を描いた『人形の家』でした。良き妻として振る舞ってきた主人公ノラは、夫から一人の人間として見られていないことに絶望し、制止を振り切って家を飛び出してしまいます。彼女こそまさに、「ただ独り立つ人間」なのでしょう。非常に厳格な旧来の道徳観が根強く残っていた当時、この作品は強い衝撃をもって人々に受け止められました。

しかし裏を返せば、「最大の強者」ほどでないと孤独には耐え切れないということ。そこまで強くなれる自信がある人は少ないでしょうが、孤独を意に介さずに強く生きる、という選択肢もあるということです。

世の中の人は何とも言わば言え
わが成すことは我のみぞ知る

——坂本龍馬

誰が何を言おうと、まわりから孤立してもかまわない。たとえ自分一人になっても、やりたいことをやるという決意表明。多くの人が憧れる幕末のスーパースター、坂本龍馬のカッコいい言葉です。

しかし、龍馬には大事を成すための信頼し合う仲間がいました。同郷の武市半平太に中岡慎太郎、そして龍馬を慕って集まった海援隊の隊士たち……。彼らは龍馬とともに、あるいは龍馬のために働き、なかには命を散らした者もいました。

そういう意味では、龍馬は本当の孤独を味わっていないのかもしれません。しかし、俺は孤独を恐れないぜ、という気持ちがなければ日本を変革するような大事業を成し遂げることはできなかったでしょう。孤独から逃げるだけでなく、それに立ち向かうことで龍馬のような強いパワーが生まれてくることもあるのです。

他人が笑おうが笑うまいが
自分で自分の歌を歌えばいいんだよ。

——岡本太郎

孤高の芸術家、岡本太郎らしい言葉です。

彼の「孤独」に関する言葉を集めた『孤独がきみを強くする』という書籍があります。そこには「孤独はただの寂しさじゃない。人間が強烈に生きるバネなんだ」「ほんとうの孤独とは、すべてに妥協しないで自分をつらぬいていくこと」といった言葉が収められています。

なんだか理由がはっきりしないのに、孤独な気持ちにさいなまれているようでしたら、ぜひとも岡本太郎の激烈な言葉のパワーを浴びてみてください。

自分の中に孤独を飼っていない人は、たとえ表面上は朗らかで外交的な人だったとしても、他人に対してどこかぼんやりしている。自分がどこからやってきたのか？　疑問に思わない人は弱い。

——米津玄師

「Ｌｅｍｏｎ」「感電」などの大ヒット曲で知られるアーティスト、米津玄師がツイッター上で記していた言葉です。この言葉には続きがあります。

「内側を見つめていけばいくほど、不思議と外の道に繋がってる。あなたは誰だと自分に問いかけ続ける人が好きだ」

孤独にも効用があります。孤独でいる時間があるのなら、そのことで落ち込んだりせず、自分と向き合うことに使ってみるのはいかがでしょう。

―人は時に、健気に生きているだけで、誰かを救っていることがある。―

――東野圭吾

ベストセラー作家、東野圭吾の直木賞受賞作『容疑者Xの献身』の一文です。

隣人の母娘が生活する〝音〟を壁越しに聞いていた数学者の石神は、彼女たちが不可抗力で起こしてしまった事件の隠蔽《いんぺい》を手助けしようと決意します。孤独な生活を送り、人生に絶望していた石神は、母と娘の二人だけで懸命に生きる彼女たちの姿に心を癒やされ、救われていたのです。

母娘は不幸な境遇でも、前向きに生きる力は失っていませんでした。たとえ孤独であっても、健気に生きている姿はこうして誰かに生きる力を与えることがあるのです。上辺だけ取り繕《つくろ》ったような人間関係よりも、よほど尊いものではないでしょうか？

悲しみと苦痛は、やがて人のために尽くす心という美しい花を咲かせる土壌だと考えましょう。心を優しく持ち、耐え抜くことを学びましょう。強い心で生きるために。

――ヘレン・ケラー

視力と聴力を失い、話すことすらできなくなってしまうという三重苦を抱えながらも、前向きに、強い心で生きた〝奇跡の人〟ヘレン・ケラー。ここで語られている「悲しみと苦痛」とは、彼女の障害だけを指しているわけではありません。孤独をはじめとする、あらゆる生きづらさの要因を指していると考えていいでしょう。

孤独にさいなまれても、優しい心を忘れずに生きる。それは「人のために尽くす心」という大切なものを育むためには欠かせないこと。なぜ孤独なのに、人のために尽くす心を育まなければいけないのか？ と考える人もいるかもしれませんが、どんな境遇に置かれても他人に対して尽くすこと、思いやりを持つことは、人が人として生きていくなかで大切なことだと思います。
孤独とは、今、その人を取りまく一時的な状況にすぎません。そこから脱するには、優しい心、人のために尽くす心を育てなければいけないし、それを持たずに孤独から脱しても何にもならないのです。

人と人はひとつにはなれない。死ぬまで1人だと思う。でも、手を取り合ったり、想いを重ね合うことはできる。そこに一つの大事なものが生まれるんだと思うんです。

——星野　源

シンガーソングライターであり、俳優としても活躍する星野源の言葉です。
二〇二〇年四月、コロナ禍のさなかに発表された曲「うちで踊ろう」は、多くの人の心を癒やし、励ましました。この曲にはその年末の「紅白歌合戦」で発表された「うちで踊ろう（大晦日）」というバージョンがありますが、そこにはこんな歌詞があります。

「生きて踊ろう　僕らずっと独りだと　諦め進もう」

「うちで踊ろう」という曲は、「みんなでひとつになろう」「絆を大切にしよう」という歌ではありません。星野源はインタビューで「『みんなでひとつになろう』的な言い方が好きじゃない」とはっきり言っていましたし、最初にソロで発表したアルバム『ばかのうた』の一曲目は「ばらばら」という曲です。「世界はひとつじゃない　ああ　そのままばらばらのまま」という歌詞で始まります。

家族がいても、恋人がいても、友達がいても、結局、人間は独り。それを承知したうえで、重なり合った部分を大切にしよう、というメッセージが、「うちで踊ろう」をはじめとする星野源の曲のそこここに込められています。私たちはみんな孤独だからこそ、それぞれの思いが重なり合う瞬間を大切にしなければいけないのです。

非難や裏切りを受けて傷ついたとき

友人だと思っていた人たちが、いつの間にか自分の知らないところで自分の悪口を言っていた……なんてことは、ないようでけっこうあります。

LINEを含めSNSなどのメッセージアプリが発展したことによって、そのような機会はさらに増えたと言っていいでしょう。SNS上で見ず知らずの人から非難や中傷を受けるケースも増えてきました。

ベストな解決策は「気にしない」ことですが、それでもやっぱり気になるものです。腹が立ったり、落ち込んだりするときもあるでしょう。


世の中はしつこい、毒々しい、こせこせした、その上ずうずうしい、いやな奴で埋《うず》まっている。元来何しに世の中へ面を曝《さら》しているんだか、解《げ》しかねる奴さえいる。しかもそんな面に限って大きいものだ。

――夏目漱石

夏目漱石の小説『草枕』からの一節です。

たとえば、仕事で上司や同僚から頭ごなしに否定されるような言葉を投げかけられたときや、日常の振る舞いを友人や知り合いから非難されたとき、あるいはSNSで見ず知らずの人から心無い言葉を投げかけられたときなどは、自分に非難を浴びせてきた相手のことが、この言葉のように「しつこい、毒々しい、こせこせした、その上ずうずうしい、いやな奴」に見えてしまうはずです。その相手だけでなく、自分のまわり全部がそんなふうに見えてしまうことだってあると思います。

悪意にもとづいた非難や中傷であれば、そんなものは無視してやればいいと思います。思いっきりトゲトゲした気分で、縁を切ってやりましょう。ＳＮＳなら即座にブロックです。顔見知りでもかまいません。人生は短いのです。

ただ、ちょっとだけ冷静になって、相手から投げかけられた言葉について考えてみてもいいかもしれません。なぜなら、それが自分の悪いところを指摘してくれているかもしれないからです。自分の悪いところを直し、さらに成長するために、非難が役に立つこともあるのです。

私は神さまではないんだから、
きみが頑張ったかどうかは、成績で判断するしかないんだ。

――リー・アイアコッカ

人はしばしば、自分自身への評価と他者からの評価のギャップに苦しむことがあります。たとえば、仕事で精一杯頑張ったのに、その結果について痛烈にダメ出しされる。もしくは、頭の中でシミュレーションしていたことと、実際に出た結果が乖離《かいり》してしまって、見通しの甘さについてダメ出しされる。すると相手の言葉を自分に対する非難だと思ってしまい、腹が立ち、落ち込んでしまうのです。

アメリカの企業家、アイアコッカがここで言う「成績」とは、あなたが実際に成し得た「結果」です。他者はあなたを評価する際、その結果をもとに判断して言葉を投げかけてきます。他者からの評価に対して、いちいち怒ったり、落ち込んでいたりしても何も進歩しません。このようなことを避けるためには、常に自分を客観視する視点が必要なのです。

友だちの欠点をあげつらう人々がある。
それによって何の得るところもない。
私は常に敵の功績に注意を払い、それによって利益を得た。

——ゲーテ

必要もないのに誰かの欠点をあげつらって嘲笑《ちょうしょう》するような人がいたら、馴れ馴れしく同意を求められても、けっして安易にうなずいてしまわぬこと。それが親しい間柄なら、やんわりと注意してやるべきです。誰に対しても同じことを繰り返しているような輩《やから》なら、近づいてきても愛想笑いで追い返してしまいましょう。もしくは、その姿を反面教師として、自分が知らず知らずのうちに他人の欠点をあげつらうことがないように注意すべきです。

もう一つ、ゲーテの言葉を挙げておきます。

「われわれの持っている天性で、徳となり得ぬ欠点はなく、欠点となり得ぬ徳もない」

誰かが嘲笑する欠点だって、別の誰かにとっては素晴らしい長所になっている可能性があるのです。一面だけで他人を判断し、欠点だと吹聴してまわっている人は、自分が愚か者だと吹聴してまわっているのと同じことなのです。

覚えててくれ。忘れてはならない人は、憎い人じゃなくて好きな人だ。人を憎み続けると、気持ちが荒れて自分が傷つく。

好きな人だけ思って生きるんだ。それでこそ、よく食べて、よく眠れる。

――『愛の不時着』

日本でも大流行した韓流ドラマ『愛の不時着』より、主人公のリ・ジョンヒョクがヒロインのユン・セリにかけた言葉です。

財閥出身のセリは自分で立ち上げた企業を成功に導いた切れ者ですが、家族との折り合いは良くありません。なかには自分を陥れようとする家族も。イラ立つセリにジョンヒョクは、憎い人より好きな人を大切にすることと、よく食べてよく眠ることの大切さを諭《さと》しました。

自分を裏切ったり、非難した人間のことを考えると、頭に血が上ってしまって忘れられなくなる気持ちはよくわかります。でも、人生を大きなスパンで俯瞰《ふかん》してみたら、そのような人間は取るに足らない存在です。それよりも、美味しいものを食べて、ぐっすり眠ることのほうが重要に決まっています。そのためには、憎い相手ではなく、好きな相手を考えたほうがいいのです。

一年前の悩み事、言える人いますか？いたら手を上げてみて。いないでしょ。

――斎藤一人

いくらどうでもいい内容でも、悪し様に非難されてしまえば心の傷は残ってしまうもの。そんなことで悩んでいてもつまらないことはわかっているのに、どうしても思い悩んでしまいがちです。

悩みごとをなくしてしまう新しい発想法を提案しているのは、健康食品販売業「銀座まるかん」の創業者、斎藤一人。彼が講演会などで聴衆に問いかけるのは、「一年前の悩み事、言える人いますか？」。一緒に考えてみてください。ほとんどの人が答えられないはずです。

つまり、悩みごとなんて一秒ごとに消えてしまっているということ。究極の問題先送り術のような気もしますが、他人に非難された悩みなんて、先送りにしてしまって忘れてしまえばいいのです。

裏切られたものがいかに心を傷つけられようと、裏切ったものはもっとみじめなめに会うことになる。

——ウィリアム・シェイクスピア

大切に思っていた友人や仲間に裏切られてしまったとしたら、そのダメージは想像を絶するものがあります。恋愛での裏切りに比べても、衝撃は大きいのではないでしょうか？ ひょっとしたら友人だと思っていたのは自分だけだったのか。仲間だと思っていたのに自分だけつまはじきだったのか……。心の痛みは疑念へと変わり、他人への猜疑心《さいぎしん》を生み出してしまいます。

あまり心を許すと、いつかまた手痛い目に遭ってしまうのではないか。そう思いはじめると、いつの間にか浅い付き合いに終始してしまう。これでは本当の友情は育まれません。不幸なことです。

まずは裏切った友人に呪詛《じゅそ》を。もちろん自分への戒《いまし》めでもあります。同じことをしていては、自分もみじめな目に遭うだけです。相手と同じレベルになる必要はないのです。

シェイクスピアの戯曲『シンベリン』の一節でした。

友人に不信をいだくことは、
友人にあざむかれるよりもっと恥ずべきことだ。

――ラ・ロシュフコー

他の人たちに猜疑心を持つようになってはいけないと語るのは、一七世紀のフランスの貴族で文学者でもあったラ・ロシュフコーです。

一人に裏切られてしまったからといって、他の信頼すべき友人にまで疑念を抱き、大切な友情を壊してしまっては元も子もありません。

友人の行いを信じてやること。もちろん信じてやればやるほど、実際に裏切りに遭ったときの衝撃も大きくなります。しかし、それを恐れてばかりいてはいけないのです。

誠実にして、はじめて禍を福に変えることができる。
術策は役に立たない。

――二宮尊徳

江戸時代の農政家で思想家……というより、薪《まき》を背負いながら読書に励む二宮金次郎、と紹介したほうが馴染みのある人も多いかと思います。農家の長男として生まれた二宮尊徳は農業によって生家を復興させ、その後、武家に仕えてからは各地で農業による財政の建て直しを指導し続けました。その誠実さと勤勉さは日本人に深く愛され、二宮金次郎像が各地の小学校に建てられるまでになったのです。

災難があったときでも、誠実さがあればそれを福に変えることができる。裏切りはつらいことですが、あなた自身が誠実さを失ってしまっては何にもなりません。

自分が自分の人生のリーダーになることが大事なんじゃないかなって思うんです。

――渡辺直美

お笑い芸人の枠を超えた活躍を見せる渡辺直美。二〇一八年には米『TIME』誌による「インターネットで最も影響力のある25人」に選出されました。彼女は自身のふくよかな体型を〝魅力〟としてアピールしており、近年は世界中でムーブメントになりつつある「ボディ・ポジティブ」のアイコンとしても脚光を浴びています。

しかし、彼女の見た目に対して揶揄《やゆ》する言葉を浴びせる人間がいるのも事実。それでも、「今の自分がこれだから、今の自分が好き」と発信し続けてきました。

そんな彼女がいつも伝えているのは、「自分は自分」だということ。誰かの命令に従っているばかりではなく、自分のことは自分で決める。そして、自分を愛する。だから、どんな中傷にも（内心は傷ついていたとしても）毅然《きぜん》とした態度を崩しません。

「自分で考えて、自分で行動を起こして、自分の人生を豊かにする」ことで、人生をより謳歌《おうか》できるんじゃないかとも語っています。私たちも他人の言葉に左右されてばかりいるのではなく、自分を自分のリーダーに据えて毅然とした態度で人生を送りたいものです。

まわりの人と一緒に成長したいとき

何事もそうですが、一人でできることは限られています。お互いに助け合い、励まし合い、成長を認め合える友人や仲間たちと一緒に取り組むほうが、より可能性が広がるのは間違いありません。

今、ここにいる友人や仲間たちの大切さ、かけがえのなさをあらためて感じさせてくれる言葉を集めました。

今の日本人に必要なのは、それぞれが自分の夢を持ち、それを語り合いながらお互いの夢を実現するために切磋琢磨し、みんなで上昇していく「ウィズアップ」の意識です。

――樋口廣太郎

アサヒビール六代目社長で、中興の祖である樋口廣太郎の言葉です。樋口はアサヒスーパードライを大ヒットさせることによって、社長就任時には業界シェア最下位への転落まで危ぶまれていたアサヒビールを躍進させた人物です。

それぞれの夢を持ち、語り合うのは大切なこと。それを誰かに伝えることによって、夢の実現に一歩近づくことも多いでしょう。また、「声に出して言う」こと自体が大切であるとも言います。語らい合う仲間がいなければ、それもできません。

人生には、テキストもノートも助っ人も、何でも持ち込めます。

——森 博嗣

ミステリー作家、森博嗣の『臨機応答・変問自在』からの言葉です。元国立大学助教授という経歴を持つ森らしい言い回しの名言だといえるでしょう。

学校のテストにはテキストやノート、ましてや助っ人なんて持ち込めませんが、人生にはそんな決まりはありません。まわりの人間に協力を求めることは自由なのです。問題に突き当たったら、専門家を呼べばいい。知り合いに専門家がいなければ、専門家と知り合いになればいい。前に進む方法はいくらでもあります。

もちろん、自分もいつかはお返しをしなければいけないということは忘れずに。

——お前に出来ない事は俺がやる！
俺に出来ない事はお前がやれ！——

——『ONE PIECE』

累計発行部数で世界一を誇る大人気漫画『ONE PIECE』より、主人公のモンキー・D・ルフィの仲間であるサンジのセリフです。ルフィは海賊として伝説の秘宝を目指し、その道中で待ち受けるさまざまな苦難を仲間たちとともに乗り越えていきます。

ルフィは主人公ですが、子どもっぽい部分も多く、決して万能タイプの人間ではありません。ただ、自分の仲間を人一倍大切にし、それゆえ仲間からの信頼も厚い。

サンジの言葉はルフィと仲間がそれぞれの長所を活かして、ピンチを乗り切るための大事なポイントを示しています。

——怠け者だったら、友だちをつくれ。——

友だちがなければ、怠けるな。

一人きりじゃ、できることに限界がある。しかし、友達や仲間がいれば、その壁を乗り越えることができるようになる。別に友達がいるからといって怠けていい、というわけではありませんが、前に進むための近道になるとは言ってもいいと思います。

相手に頼りきってばかりでは、見放されてしまいます。お互いに刺激し合い、成長してこそ仲間だと言えるでしょう。

――サミュエル・ジョンソン

自分が最低だと思っていればいいのよ。一番劣ると思っていればいいの。そしたらね、みんなの言っていることがちゃんと頭に入ってくる。

――赤塚不二夫

ある時代の人々にとって、非常に有名だった「トキワ荘」の伝説。〝漫画の神様〟手塚治虫の導きによって、寺田ヒロオ、藤子・F・不二雄、藤子不二雄Ⓐ、石ノ森章太郎ら多くの若手漫画家たちが共同生活をし、そこで切磋琢磨しながら有名になっていきました。『天才バカボン』『おそ松くん』などで知られるギャグ漫画家、赤塚不二夫もトキワ荘の住人でした。明るく社交的な赤塚でしたが、陰では自作がヒットしないことに苦悩していました。しかし、そんなときでも彼は卑屈にならずに、まわりからの声を真摯《しんし》に受け止めていたのです。これはそんな赤塚の姿勢を表した言葉でしょう。

この名言には続きがあります。

「自分が偉いと思っていると、他人は何も言ってくれない。そしたらダメなんだよ。てめぇが一番バカになればいいの」

周囲の声に耳を傾けることができない人は、仲間たちからも次第に見放されてしまうでしょう。自分がダメなときだけでなく、うまくいっているときでも、謙虚な姿勢は忘れないでいたいものです。

赤塚にとって、トキワ荘に集う住人たちは仲間であり、ライバルでもありました。また、他にも多くのライバル漫画家たちもいたことでしょう。しかし、仲間やライバルの大切さを理解し、そこから何かを吸収しようという意識があったからこそ、彼は不世出のギャグ漫画家として成長を果たしたのではないでしょうか？

空気と光と友人の愛。
これだけ残っていれば気を落とすことはない。

――ゲーテ

ゲーテが言っていることは、大げさでもなんでもありません。仕事を失っても、恋人を失っても、お金を失っても、まわりに友人たちが残っていれば大丈夫。きっと誰かが手をさしのべて助けてくれます。

長い時間をともに過ごした友人たちは、ともに悲しみを分かち合い、前に進む力を与えてくれるのです。

親しき人々を必要とするのは、より多く順境においてなのか、
それとも逆境においてなのか。
けだし友は、両者いずれにも求められている。

――アリストテレス

仕事が順調なときや、金銭的に余裕があるときには、多くの人が近づいてきます。しかし、調子のいいことばかり言っている人を簡単に信用してはいけません。親身になり、時には苦言を呈《てい》してくれる人こそ、友人なのだと思います。

一方で、苦境に陥ったとき、見知らぬふりをする人はけっして友人などではないでしょう。見知らぬふりといっても、具体的に金銭の援助をしてもらうとか、新しい仕事を紹介してもらうとか、そんなレベルのことではありません。様子をうかがい、心配し、思いやる。それだけでいいんです。

アリストテレスの言う「友」とは、この両方を満たす人物だと言えるでしょう。そんな友人こそ、お金より何より大切にしなければいけないのです。

真の友は最大の財産であり、また、最も得がたい財産である。

――ラ・ロシュフコー

まさにこの言葉のとおりだと思います。

あなたのまわりを見回してみてください。調子に乗っているときに諫《いさ》めてくれ、苦境に陥っているときに手をさしのべてくれるような友人はいますか？　いるとしたら、その人のことを大切にすべきです。

だからといって、急に態度を変える必要はありませんよ？　今までどおりの付き合いでいいと思います。

自然物としての人間は、
決して孤立して生きられるようにはつくられていない。
このため、助け合う、ということが、
人間にとって、大きな道徳になっている。
助け合うという気持ちや行動のもとのもとは、
いたわりという感情である。
他人の痛みを感じることと言ってもいい。

やさしさと言い換えてもいい。

——司馬遼太郎

今なお絶大な人気を誇る小説家、司馬遼太郎。彼が小学生に贈るために書いた「二十一世紀に生きる君たちへ」という小文の一節です。小学校の国語教科書にも掲載されているので、目にしたことのある人も多いでしょう。短い文章にもかかわらず、司馬は非常に多くの時間を費やし、推敲《すいこう》を重ねて完成させたといいます。

この文章は友人についてのみ書かれたものではありませんが、ここに書かれていることは、先ほど紹介したゲーテの言う「友人の愛」などに共通する条件を示していると思います。

お互いに助け合う気持ちや行動、そのもとにあるいたわりの感情、やさしさ。生きていくうえで大切なそれらのものを兼ね備え、それを苦境に陥っているときに発揮してくれる者こそ、真の友人といえるのではないでしょうか？　そしてそんな友人の存在は、何物にも代えがたい、素晴らしいものなのです。

第3章

恋愛・結婚に効く名言

恋人がいない、結婚すべき相手がいない、想いを寄せる相手もいない、そもそも出会いの場さえない。恋人も配偶者もいなくて、将来このまま一人きりで過ごしてしまうのではないか、という不安を抱えている人が少なくありません。

一方で、恋愛や結婚といったことに興味が湧かないという人も増えてきました。

もちろん恋愛や結婚をしなければいけないということはありませんし、どんな生き方を選ぼうとその人の自由です。充実した人生を過ごすことができれば、それ以上のことはありません。

内閣府の「結婚・家族形成に関する意識調査」（平成二六年度）によると、二〇代では男女とも四割近くが「恋人が欲しくない」と考えているそうです。「恋愛が面倒」（四六・二%）、「自分の趣味に力を入れたい」（四五・一%）などが主な理由として挙げられています。女性は「他人と恋人として交際するのがこわい」という理由が比較的高いようです。

また、恋人がいない人に尋ねたアンケートでは、「そもそも出会いの場所がない」という回答が五五・五%で過半数を超えています。それから、「自分は魅力がないのではないか」（三四・二%）、「自分が恋愛感情を抱くことができるのか不安だ」（二〇・五%）という回答が続きました。

こうしてみると、自分の意志を持って恋愛や結婚をしない人が増えている一方で、恋愛や結婚の機会に恵まれないために一人でいる人も少なくないことがわかります。かつては会社や親戚《しんせき》付き合い、近所付き合いなどの濃密なコミュニティから、お見合いも含めて男女の出会いが用意されている時代がありましたが、今はめっきり少なくなりました。

恋愛や結婚に関して、いろいろな生き方の選択肢が増えましたが、誰もが自分の意志で選んだ道を歩んでいるわけではないということです。つまり、それだけ悩みもあるということでしょう。

恋愛や結婚に関する名言は、星の数ほどあります。失恋や別れに関する名言も、それと同じぐらいあります。その多さこそが、人生において重要なものだという証でしょう。はるか昔から現代にいたるまで、多くの人が恋愛と結婚について悩んできたということです。

ここでは、恋愛や結婚に積極的になれないとき、あるいは積極的であってもうまくいかないとき、一人で寂しさを感じるときに効く名言を集めてみました。それらの悩みを解消する一助になればと思います。

恋人ができないとき

恋人ができないという悩みは、何千年前から現代にいたるまで続く普遍的な悩みだと思います。男性と女性がいれば、いえ、人間と人間がいれば、恋愛の悩みは生じると言ってもいいでしょう。どんなに時代が変わり、ライフスタイルが変化しても、誰かが誰かを好きになることは必ずあるし、そのぶん、悩みもあるということです。

頭のいい人には恋ができない。恋は盲目である。

――寺田寅彦

明治の物理学者で随筆家でもあった寺田寅彦。この言葉は、彼のエッセイ「科学者とあたま」の一節です。寺田は恋の話をたとえに出しながら、机上で理屈をこねまわすだけの頭のいい科学者よりも、愚直に自然に飛び込んでいくような科学者こそ新しい発見をすることができる、と語っています。

恋の話に引き戻すなら、恋人を作りたいときは、恥じらいをかなぐり捨て相手に向かって猛進せよ、ということなのでしょう。机上でハウツー本を読んでいるだけではダメということですね。

やりかたやハウツーなんてない。ただ愛することによってしか、愛し方なんてわからないんだ。

——オルダス・ハクスリー

人を愛する方法、恋人を作るための方法を書いた本は数多くあります。しかし、そんな本を何冊読んだって、一度ガツンと恋をしたり、ドカンと恋に破れたりする経験にはかないません。習うより慣れよ。人はそれぞれ違うのだから、愛し方、愛され方だって違うはず。万能の方法などありません。恐れず怖がらず、相手に愛を注いでみましょう。

神秘主義研究でも知られるイギリスの作家、オルダス・ハクスリーの言葉でした。

もし君が人に愛されようと思うなら、まず君が人を愛さなければならない。

——セネカ

シンプルかつ深遠なローマ時代の哲人、セネカの言葉です。

でも、考えてみれば当たり前のこと。自分が何もしていないのに、いつの間にか好きな人に愛されているなんてムシのいい話はそうそうありません。

自分らしくありたい、と考えることは悪いことではありませんが、自分らしくあるということは〝何もしない〟ということとはまったく別のことです。他人を愛することで自分が変わることを恐れていては、相手から愛をもらうこともできないのです。

愛されることは幸福ではない。愛することこそ幸福だ。

——ヘルマン・ヘッセ

『車輪の下』などで知られるドイツ文学を代表する作家、ヘルマン・ヘッセの言葉です。

ヘッセの著作の一つ『春の嵐』は、〝愛することの幸福〟をテーマにした作品でした。左足を失った青年クーンと、美しい女性ゲルトルート、クーンの友人でありゲルトルートの夫となるムオト。クーンはゲルトルートを愛しますが、足の障害ゆえ、自分の想いを彼女に伝えることができません。一度は自分の運命に絶望し、自殺を図るクーンですが、そこから新しい人生を切り開こうとしていきます。その過程で、彼は人を愛することの幸福を知るのです。

一方通行の恋はたしかに苦しくてつらいものです。しかし、人に愛を注ぐことの幸福に気づくことができれば、恋に破れて傷つくことにおびえることもなくなるのではないでしょうか？　そんなことをヘッセの言葉から学ぶことができると思います。

一　恋というのは一つの芝居なんだから、筋を考えなきゃだめだよ。　一

――谷崎潤一郎

美と官能の作家、谷崎潤一郎の言葉です。
谷崎によると、恋とは自作自演の芝居のようなもの。ならば自分である程度台本をイメージして臨むのも一つの手かもしれません。
筋は二転三転するでしょう。それでもハッピーエンドに向けてああでもない、こうでもないと考えてみる。もちろん、台本だけでは芝居の幕は上がりません。あなたが実際に演じてみないと、恋という芝居は始まらないのです。

チャンピオンになったら、古いズボンを穿《は》き、
汚い帽子をかぶって髭をはやすんだ。
そして僕であるというだけを愛してくれそうな
素敵な女の子をみつけるまで道を歩きつづけるのだ。

――モハメド・アリ

世界チャンピオンになったら、その地位と名誉、収入だけで恋人なんてできそうなもの。でも、アリはそんなものに興味を持つ女性は願い下げだったのでしょう。

世界の頂点にたどりついた後に、あえてぼろをまとって街を歩こうとするアリ。しかし、チャンピオンになるほど徹底的に自分を磨き上げたアリは、ぼろをまとっていても十分魅力的だったのではないでしょうか？　たとえスーパースター、モハメド・アリだと気づかないとしても、彼に惹かれる女性は大勢いたことでしょう。

華美な服装をしていなくても、十分な収入がなくても、自分を磨き上げ、道を歩き続ければ、「素敵な」相手を見つけることは難しくないと思います。

今、恋人がいないからといって、それを時代や自分を取り巻く環境のせいにしてはいけません。機会を求めて、街へ出てみましょう。

きっとあなたにとって特別で「素敵な」恋人を見つけることができるでしょう。

少なくとも恋愛は、チャンスではないと思う。私はそれを意志だと思う。

——太宰 治

昭和の文豪、太宰治の言葉です。悩み多き人生のなかで自由に恋愛を繰り返した太宰は、

「チャンス」と題される恋愛についての軽快な小文を記しています。

「チャンス」の冒頭はこんな文章で始まります。

「人生はチャンスだ。結婚もチャンスだ。恋愛もチャンスだ。と、したり顔して教える苦労人が多いけれども、私は、そうでないと思う」

恋愛とは好色で恥ずかしいものだ、チャンス（もののはずみ、ひょんなこと、と太宰は解釈している）なんかで始まるものではない。「要するに私の恋の成立不成立は、チャンスに依らず、徹頭徹尾、私自身の意志に依るのである」と断言しています。

大切なのは、ふとしたきっかけで恋愛が生まれる出会いの場なんかではなく、自分は誰かのことが好きであるという意志、あるいは誰かのことを好きになりたい、恋愛をしたいという意志である。そう太宰は説いているのです。

恋は甘い花である。
しかし恐ろしい断崖《だんがい》の縁まで行って、
それを摘む勇気を持たなければならない。

――スタンダール

日本の文豪、太宰治は恋愛を「意志」だと語りましたが、『赤と黒』などで知られるフランスの文豪、スタンダールは恋愛には「勇気」が必要だと語っています。この言葉は彼の著作『恋愛論』の一節です。

この言葉どおり、恋愛を得ようとするのなら、それなりのリスクを負う覚悟が必要です。それは金銭のリスクなどではなく、心のリスク。傷つくのを恐れて自分の殻に閉じこもっていては、美しい花を摘むことはできません。女好きだったスタンダールは、自らの墓に「生きた、書いた、愛した」と記しました。彼はそう言い切れるだけ恋の花を摘み続けたのでしょう。もちろん、そのたびに死ぬほどの勇気をふるって。

ロマンチックな恋だけが恋ではありません。
本物の恋とは、オートミールをかき混ぜる行為のように平凡で当たり前なのです。

――ロバート・A・ジョンソン

アメリカの精神分析学者、ロバート・A・ジョンソンの言葉です。

恋愛とは、ハリウッド映画やハーレクインロマンスのように甘くてロマンティックなものばかりではありません。理想を追い求めるのも大事ですが、そればかりを追いかけ続けて現実から目を逸らしていると、恋愛はするりと腕をすり抜けていってしまう可能性が高いと思います。

劇的で素晴らしい出会いの場がなくても、平凡で当たり前すぎて気づかないような場所に恋の相手はいるのかもしれないのですから。

心を開いて「Yes」って言ってごらん。すべてを肯定してみると答えがみつかるもんだよ。

――ジョン・レノン

ビートルズの中心メンバーであり、解散後は妻のオノ・ヨーコとともに愛と平和を世界に訴え続けた、世界で最も有名なシンガーソングライター、ジョン・レノン。心を閉ざしたまま嘆いている人に、ぜひ読んでもらいたい言葉です。

意志を持ち、勇気を持ち、日常に目を向けて、心を開く。そうすれば、準備された出会いの場なんて必要なくなります。あなたが出会いの場に出向くのではなく、あなたが歩いた先が出会いの場になるのです。

もう一つ、ジョン・レノンの言葉を。

「きみはどこへでも行けるのに、どうしてそんなところにとどまっているんだい？」

失恋して傷ついたとき

恋の数だけ、失恋があります。

失恋の痛みというものは、風邪のように一度かかってしまうと免疫ができて平気になるわけではありません。何歳になっても痛いものは痛い。年を重ねた後の失恋のほうが、ダメージが大きい場合もあります。とはいえ、こじらせると大変な事態を迎えてしまう、という意味では、失恋は風邪に近いのかもしれません。

そこで失恋の処方箋《しょほうせん》になるような言葉を集めてみました。

恋愛は人を強くすると同時に弱くする。友情は人を強くするばかりである。

――アベル・ボナール

まずはフランスの詩人であり、エッセイストのアベル・ボナールの言葉です。代表作に『友情論』『恋愛論』があり、友情と恋愛を絡めた言葉をいくつも遺しています。

ボナールの言葉どおり、恋がうまくいっているとき、人は思わぬ力を発揮することがあります。しかし、それもすべて恋人がいたからこそ発揮できたもの。肝心の恋人を失ってしまったとき、今度は思わぬ自分の脆《もろ》さに気づくことになります。まさに〝心に穴があいた〟状態です。

恋をしているといつの間にか恋人が心のある部分、場合によっては中心部分を占めるようになる。ところがそれがスポンと抜けてしまうと大変。その穴を埋めるのはなかなか時間がかかるのです。

心の穴がもう一度塞がるまで、心をがっちり外から支えてくれる友情という補強剤を使ってみるのも悪くはないかもしれません。もちろん、そのためには恋に夢中になっている間も友人を大切にしていなくてはいけないのですが。

自分の選んだ相手を低めることは自分を低めることと同じである。

——柴門ふみ

ドラマ化されて大ヒットとなった漫画『あすなろ白書』『東京ラブストーリー』を手がけ、〝恋愛の教祖〟とも言われた柴門ふみ。彼女が書いたエッセイ『恋愛論』は七〇万部を超えるベストセラーとなりました。

失恋した後、相手の悪口を誰かに思わず話してしまう、なんてことはよくあることです。そのときばかりは友人たちも慰めるため、悪口に付き合ってくれるでしょう。

しかし、どちらから先に好きになったかにかかわらず、恋人として選んだのはまぎれもない事実。他人の悪口を言うこと自体、品性を貶《おとし》める行為なのに、別れた恋人の悪口はさらに輪をかけて自分自身を貶めてしまっているようなもの。友人たちも「しょうがないなぁ」という思いで聞いているはずです。

言いたいことがあってもグッと我慢すること。どうしても我慢できなければ、庭に穴を掘ってそこに叫んでみてください。

自分に同情するな。自分に同情するのは下劣な人間のやることだ。
――村上春樹

村上春樹の代表作『ノルウェイの森』から、主人公のワタナベが先輩の永沢に言われる言葉です。

言葉の意味はシンプルです。恋に破れたからといって、自分は不幸だ、自分は可哀想だと感傷に浸っていたら、そこから一歩も先に進むことはできません。自分に同情すれば、残るのは怨嗟《えんさ》だけです。未来への希望も見えません。

とはいえ、たまには思いっきり自分を甘やかして、後ろ向きな〝ぬかるみ〟に浸るのもいいものですが……。

恋をすることは苦しむことだ。

苦しみたくないなら、恋をしてはいけない。でもそうすると、恋をしていないことでまた苦しむことになる。

――『ウディ・アレンの愛と死』

男女の機微を描くことに長けた映画監督、ウディ・アレンの作品から。ちなみにこんなタイトルですが、コメディー映画です。

手痛い失恋をすると、すぐにはなかなか新しい恋に向かっていけないものです。しかし、恋をしないまま生きていると、今度は寂しさやせつなさが募り、また別の苦しみを味わうことになります。

どのみち苦しみを味わうのなら、恋をする苦しみを選ぶほうがいいのではないでしょうか？　片想いの苦しみも失恋の苦しみも、どこか甘美な味がするものだと思います。

恋に破れても死にはしません。でも、傷つかないようにじっと殻に閉じこもっていると、いつしか恋をすることを忘れてしまいそうになります。それこそ人生の一部分の〝死〟を意味しているような気がするのです。

愛する人に別れたことのない幸せな人は、愛する人に別れた人に、やさしい手をさしのべることはできないでしょう。悲しみを知らない人は、人の悲しみがわからないからです。

――瀬戸内寂聴

失恋をしたことがない人は、たしかに幸せでしょう。それに対して、失恋の悲しみに暮れている人、愛する人と別れることを余儀なくされた人は不幸なのかもしれません。

人は弱いものです。悲しみのさなかにあれば、お互いにいたわり合いながら、一つ一つ悲しみを乗り越えていくのです。そんなとき、深い悲しみを経験したことのある人のほうが、相手のことをより理解して、手をさしのべることができるのでしょう。

今、一人で将来に不安を感じるとき

「おひとりさま」という言葉が流行してから、十数年経ちます。侮蔑的な言葉だった

「ぼっち」もポジティブにとらえられるようになり、最近では「ソロ活」という言葉も生まれました。周囲から結婚をせかされることもなくなり、恋人がいなくても焦らない人は増えてきました。徐々に一人で生活を楽しむライフスタイルは定着しつつあるように思います。

とはいえ、将来のことを考えると、老後に一人きりでいるのは寂しすぎるんじゃないか、本当にこのまま一人でいられるのだろうか、と不安になる人も少なくないでしょう。

不安にさいなまれたままの人生が楽しいはずはありません。そこで、不安を解消してくれそうな言葉を集めました。

不安とは、おそれの対象がなにか、よくわからないときに起きる感情だ。ひとつひとつ不安の原因をとりのぞいていけば、あれもこれも、自分で解決できることがらだとわかる。

——上野千鶴子

まずは「おひとりさま」の始祖とも言える社会学者、上野千鶴子の言葉から。二〇〇七

年に刊行された著書『おひとりさまの老後』はベストセラーになりました。

本の中で上野は、世界で最も寿命が長い日本人女性は、結婚していようが、してなかろうが、将来的に独り身になる可能性が高い。だから元気なうちにその予防策をとっておきましょう、と呼びかけています。

頼るべきパートナーがいなくても、自分で解決できることを考えて実行していけば、無用な不安を抱くことはないというメッセージは、男女どちらに対しても有効なもの。寂しさ、病気、介護、お金、相談できる仲間など、元気なうちにしかるべき準備をしっかりやっておきましょう。


およそ惨めなものは、将来のことを不安に思って、不幸にならない前に不幸になっている心です。

――セネカ

気持ちの持ちようも大切。そんなことを伝えてくれるセネカの言葉です。

今、パートナーがいないからといって、将来を必要以上に悲観する必要はありません。

不安な気持ちを抱えたままでいれば、それは確実に今の生活にも影響を及ぼしてしまいます。人としての魅力さえ損ねてしまうことになってしまうでしょう。そんなことでは、新しい出会いも期待できません。

一人でいたって、不幸であるとは限らない。自分が不幸だと思った瞬間、不幸はあなたに訪れるのです。

人生100年の時代が来るそうですよ。
人生が長くなった分、残念ながら不安も増大する確率が高まります。
でも、逆に考えれば、人生が長くなればその分チャンスも増えるわけで。
離婚した人にも一人のままきた人にも、
良い出会いが訪れる可能性がないわけでもない。
とにかく、不安はあるけど希望もある。
そういうことなんじゃないかと。

——**『まだ結婚できない男』**

阿部寛主演のコメディードラマ『結婚できない男』が放送されたのは、二〇〇六年のこと。偏屈な主人公・桑野は三九歳という設定でした。続編の『まだ結婚できない男』が放送されたのは、一三年後の二〇一九年。桑野は五三歳になって、まだ独身生活を謳歌していました。三九歳で独身なのが不思議がられた時代から、五三歳でも独身なのが不思議じゃない時代へと変化したのがわかります。

ちなみに「人生一〇〇年時代」を掲げた書籍『LIFE SHIFT――100年時代の人生戦略』がベストセラーになったのは二〇一六年のことです。桑野が語った言葉のとおり、長い人生、不安もあれば希望もある。そのことを忘れないようにしましょう。

急いで結婚する必要はない。結婚は果物と違って、いくら遅くても季節はずれになることはない。

――トルストイ

ロシアの文豪、トルストイの言葉です。

「婚活」という言葉もすっかり定着しました。将来、子どもを産みたい女性は、どうしても年齢を気にしなければいけませんが、だからといって焦って結婚相手を探しても良い結果をもたらすとは限りません。人生をともにするパートナーはじっくり選びたいものです。

なお、トルストイ自身は三四歳で一八歳の妻、ソフィアと結婚しましたが、晩年は大変な苦労をし、八二歳で家出して小さな駅で亡くなりました。

人生は勝ち負けじゃなくて味わうものだって、年を重ねるとわかってくるの。

――『逃げるは恥だが役に立つ』

海野つなみによる人気コミック『逃げるは恥だが役に立つ』より、男性経験のないまま五〇代を迎えた百合の言葉です。彼女の言葉や生き方は、同世代の女性のみならず、若い女性からも圧倒的な共感を得ました。

この言葉には続きがあります。

「あたしは独身で子供もいないけど楽しく暮らしてるし、それで安心する人もいるんじゃないかって思ったりね。なら、年を取って一人なのが怖いっていう人に、あの人がいるじゃないって安心するような存在になれたらなって」

パートナーがいなくても、子どもがいなくても、人は楽しく暮らしていける。どんな生き方だって間違いじゃないということを、あらためて教えてくれる言葉だと思います。

幸福というものはささやかなもので、そのささやかなものを愛する人が、本当の幸福をつかむ。

——亀井勝一郎

戦前から文芸評論家として活躍した亀井勝一郎は、人生論などについての著作も多く遺しています。

幸福の尺度はその人次第。誰かに決められることはありません。ましてや薄っぺらい本に、あなたが幸福かどうかを決められてしまう筋合いもありません。

欲張りすぎず、身の丈にあった幸せを求めていけばいい。パートナーがいなくたって、美味しいごはんを食べたり、気のおけない友人たちとおしゃべりを楽しめたりすればいい。それは男性も女性も同じことです。

パートナーとの結婚を考えているとき

複数の名言集をひもといて、結婚に関する言葉を眺めてみると、なぜかネガティブなものが非常に多かったりします。ひと昔前の欧米の知識人にとって、結婚は自由を束縛するものでしかなかったのかもしれません。
だからといって、そのまま鵜呑《うの》みにしても、思わず結婚をためらってしまうだけです。せめて少しでも結婚に対してポジティブになれるような言葉を集めました。

私の業績の中で最も輝かしいことは、妻を説得して私との結婚に同意させたことである。

――ウィンストン・チャーチル

こんなに堂々としてカッコいいノロケ話は聞いたことがありません。これは、イギリス首相として、第二次世界大戦を戦ったウィンストン・チャーチルの言葉です。

〝最も偉大な英国人〟チャーチルにここまで言われれば、女性としても本望でしょう。一一歳年下の妻、クレメンタインとの間には五人の子をもうけ、終生仲睦《むつ》まじく過ごしたといいます。

また、彼はこうも語ったそうです。

「人生生まれ変わっても、政治家になり、またチャーチル家の一員に生まれ、そして世界中どこにいても妻クレメンタインを探して結婚したい」

今、あなたが結婚を考えているパートナーのことを思い浮かべてみてください。生まれ変わってもまた一緒になりたい、という気持ちをずっと継続させることができれば、その結婚はうまくいく確率が高いのではないでしょうか？

結婚は早すぎてもいけないし、おそすぎてもいけない、無理が一番いけない、自然がいい。

――武者小路実篤

小説『幸福者』からの言葉です。

出会ってまもなく勢いで結婚するようなケースでも、二人の気持ちが自然に盛り上がっているのなら問題ないでしょう。長い交際期間を経て、じっくりと結婚への気持ちを練り上げていった末の結婚でもいいと思います。

問題は、片方ばかりの気が焦ってするような結婚です。結婚はゴールでもありますが、そこからまた始まる長い長いレースのスタートでもあります。出だしから呼吸が乱れていては、とても乗り切っていくことはできません。タイミングが重要なのです。

結婚は顔を赤くするほど嬉しいものでもなければ、恥ずかしいものでもないよ。

――夏目漱石

反対に、愛するパートナーがいて長い交際期間を経ているのに、結婚に対して慎重になりすぎてしまう場合もあるでしょう。

何が不満なわけではない、結婚に大きな障害があるわけでもない。でも、結婚をためらってしまう。そんな人は、この夏目漱石の小説『行人』の一節を読んでみましょう。

結婚というと晴れやかで大仰なイメージもありますが、その後に続くのはつつましくささやかな日常生活です。仕事をして、一緒に食事をし、語り合い、一緒に眠る。ずっとハイテンションな日々が続くというわけではないのです。

また、今の状態が幸せで結婚する必要を感じない、という考え方もあるでしょう。それはそれでいいと思います。二人の気持ちが結婚に向かったときに、役所に行って書類一枚提出してくれればいいのではないでしょうか？

世の中全部の人に言いたいのですが、
結婚は夢でもロマンでもありません。
現実そのものなのです。
だから結婚というものにロマンティシズムだとか夢だとか、
べったりくっつけないでほしいのです。

――**美輪明宏**

結婚に理想を抱きすぎると、その後に直面する現実との落差に打ちひしがれてしまう可能性があります。一つ屋根の下でともに生活するということは、相手のそれまで知らなかった部分を知ることも多いでしょう。夢見ていたロマンティックな結婚生活には、食器の洗い方や歯ブラシやタオルの使い方での揉《も》めごとは登場しませんからね。

二人が睦まじくいるためには
愚かでいるほうがいい
立派過ぎないほうがいい
立派過ぎることは
長持ちしないことだと気付いているほうがいい

――吉野 弘

詩人、吉野弘の「祝婚歌」という詩の冒頭の一節です。今では多くの結婚式の祝辞などでこの「祝婚歌」が紹介されています。これから結婚をしようと考えている人がいたら、ぜひ彼の詩集を参照して全文を読んでもらいたい、素晴らしい詩です。

結婚生活は夫と妻の二人で作り上げるもの。〝立派なこと〟とか〝正しいこと〟も大切かもしれませんが、それを振りかざしてお互いを責め合っても仕方ありません。二人の間に通用するルールがあればそれでいいじゃないか、そんなことをこの詩は優しく伝えてくれます。

愛とは、お互いに向き合うことではなく、共に同じ方向を見つめることである。

――アントワーヌ・ド・サン＝テグジュペリ

サン＝テグジュペリの愛についての言葉です。

結婚生活に疑問を感じたとき、夫と妻が面と向かい合って意見をぶつけ合うことは大切です。しかしその前に、この言葉を読みながら一度確認してほしいことがあります。

お互いを見つめ合うだけで愛を感じることができるのは、出会ってからごくごく短い間だと思います。大切なのは、二人が同じ結婚生活についてのビジョンを持つことができているかということ。それに向かって、手に手をとって歩いているかということ。

家はどうする？　子どもは？　貯金は？　老後は？　そんな具体的なことから、どんな結婚生活を送りたいのか？　愛情表現は？　感謝の言葉は？　なんて抽象的なことまで、目標や希望を二人が共有し、それに向かい手に手をとって歩いていかなければならないのです。

結婚はゴールではありません。また新しいスタートです。そしてそれは結婚までの道のりよりずっと長く続きます。それなのにお互いがまちまちな方向を見ながら歩いていては、二人の足はもつれてしまうに決まっています。

たまに相手の横顔をうかがいながら、つないでいる手のぬくもりを感じつつ、前に向かって進んでいく。気持ちを重ね、思いやりを持ち、声をかけながら歩き続ける。それができているかどうか、もう一度確認してみてはいかがでしょうか？

パートナーとの別れを考えているとき

出会いがあれば、当然、別れもあります。別れには人それぞれ、いろいろな理由があると思いますが、当然ながらネガティブな感情がつきまとい、膨大なエネルギーを費やすことになります。
別れることに疲れきってしまわないように、ひと息つきつつ、別れについて考えるきっかけになるような言葉を集めました。

もしほんとうに愛したいと願うなら、ゆるすことを知らなければなりません。

——マザー・テレサ

インドのカルカッタを中心に貧しい人々への慈善活動を行い続けたカトリック教会の修道女、マザー・テレサの言葉です。
実際にパートナーによって苦しみを味わっている人は、こんな言葉などきれいごとじゃないか、と腹が立つかもしれません。たとえば夫からDVを受けている妻が知人にいたとしたら、僕はこの言葉を脇において、彼女を暴力夫から引き離すと思います（妻から夫へのDVも、もちろん同じことです）。DVを受けていても相手と別れられない人は、相手を許しすぎてしまっているのでしょう。

しかし一方で、パートナーとの別れを考えているとき、怒りに我を忘れてしまっている人も多いかと思います。一度、どこまで相手を愛したいか、どこまで相手を許せるか、そのことについてじっくり考えてみてはいかがでしょうか？

人類全体の平和を願ったマザー・テレサですが、それは人々の小さな愛情の積み重ねで成立するものだと考えていました。ノーベル平和賞を受賞したとき、インタビュアーに「世界平和について我々にできることは？」と尋ねられたマザー・テレサは、こう答えたそうです。

「帰って家族を大切にしてあげて下さい」

愛することの反対は、憎み合うことではありません。無関心になることです。

——**永　六輔**

放送作家、タレント、エッセイスト などマルチな活躍を続ける永六輔。彼が〝日本人のホンネ〟を集めた著書『大語録』からの一節です。

相手のことを憎いと思うのは、愛あればこそ。ならば、まだ問題解決の糸口が残されている可能性があります。逆に、表面上はつつがなく過ごしていても、相手に対して関心がなくなっているのであれば、そこに愛はないということ。惰性の生活はやがて破綻《はたん》していきます。

パートナーとの別れを考えたとき、いったい何が頭に浮かぶでしょう？

相手のことなのか、それとも別れそのもののことなのか、新しい生活のことなのか。相手のことが思い浮かばないのであれば、もう愛は残されていないのかもしれません。

—全ての場合を通じて、恋愛は忍耐である。—

——萩原朔太郎

大正、昭和期の作家であり詩人の萩原朔太郎の言葉です。彼自身、二度の結婚と二度の離婚を繰り返しています。妻との離婚争議も体験し、結婚に関して辛酸を味わった人物だからこそ、発することができた言葉でしょう。

恋愛も結婚も、現実には楽しいことばかりではありません。恋愛に忍耐はつきもの、すべてが甘い理想ばかりではない。そう思ったうえで相手に向き合えば、少々のことでも耐えられるのではないでしょうか。どうしても耐えられなくなったら、さっさと別れてしまえばいいのです。

魅力あるもの、キレイな花に心を惹かれるのは、誰でもできる。だけど、色あせたものを捨てないのは努力がいる。色のあせるとき、本当の愛情が生まれる。

——遠藤周作

年を重ねるごとに、愛情も重ねていくことができれば素晴らしいでしょう。しかし、出会ったばかりのころは良い部分ばかりが目についた相手でも、一緒に過ごしていると次第にあらが見えてきてしまいます。その欠点の部分も含めて愛することができるのか、それとも「こんなはずじゃなかった」と考えてしまうのか。その違いは大きいと思います。

〝狐狸庵先生〟こと作家の遠藤周作の言葉でした。

別離は人生を和解させる。

――アンリ・ド・モンテルラン

フランスの作家、アンリ・ド・モンテルランの言葉です。

今は「許せない」と思っているような相手だとしても、別れてしまえば許せてしまうこともあるかと思います。別れずに恨みを抱えて生きていくより、いっそきれいに別れてしまったほうが、清々《すがすが》しい気持ちで新しい人生を歩み始めることができるでしょう。

より良い人生を送るためには、別離を選択肢として持っておくのも悪くないと思います。

一人でいても二人でいても、十人でいたって寂しいものは寂しい。そういうもんだと思っている。

――樹木希林

女優の樹木希林の言葉です。彼女は夫の内田裕也と別居したまま、一年に一回か二回しか会わない生活を続けました。

広い家に一人で暮らす樹木に「寂しくないですか」と言う人がいたそうです。それに対する彼女の答えがこの言葉。

パートナーと一緒にいたって、多くの友人に囲まれていたって、人は寂しいときは寂しい。逆に言えば、パートナーさえいれば寂しくない、なんてことはないのでしょう。無理に好きでもない相手と一緒にいたって、寂しさは解消されません。

別のインタビューでは、こんなことを語っていました。

「人生はいろいろあっても最後がよければいいじゃない？　それが結婚生活をまっとうすることなのか、離婚することなのかは人それぞれだから、私は知らない。ただ自分の心に嘘《うそ》をつかずにシンプルに生きていれば悔いは残らない。このことは言い切ってもいいように思いますね」

自分の心に嘘をつかない。これが一番大事なんでしょうね。

大切な人の愛を感じたいとき

パートナー、両親、子ども、家族。当たり前のように存在しているうちに、相手の大切さを感じる機会が減っていくのかもしれません。
あらためて、身近な大切な人たちの愛を感じることができる言葉を並べてみました。

妻がいそいそと
こころをつくしてくれる日は
かなしみさへが、すんでくる

――八木重吉

二九歳で早逝《そうせい》した大正時代の詩人、八木重吉。クリスチャンでもあった彼の詩は、少ない言葉で深く透明な響きを帯びたものが多いのが特徴です。この「妻」と題された詩も、この三行がすべて。特に解説はいらないと思います。じっくり味わってみてください。

――王様であろうと百姓であろうと、自分の家庭で平和を見出す者が一番幸福な人間である。――

――ゲーテ

ドイツを代表する文豪のゲーテは、本書でも何度かすでに出てきているように、こうした名言の世界においても巨人です。さまざまな分野において、数多くの言葉を遺しています。身分を問わず、どんな人でも、家庭が平和なのが最も幸福である。ならば、家庭の平和は誰のおかげなのか、考えてみるといいでしょう。自分のおかげ？　パートナーのおかげ？　それともペットのおかげ？

とりあえず、パートナーのおかげにしておいたほうが、丸く収まると思います。

――一生の間に一人の人間でも幸福にすることが出来れば自分の幸福なのだ。――

――川端康成

『伊豆の踊子』などで知られる川端康成が四〇年にわたって書き綴った短編小説集『掌の小説』より、「一人の幸福」の一節です。

あなたが幸福にしたいのは誰ですか？　もし、パートナーの顔が思い浮かんだのなら、きっと相手もあなたのことを幸福にしたいと考えているはずです。

結果ではなく、その今の状態が、幸福なのだと思います。あなたに幸福をもたらしているのは、かけがえのないパートナーの存在そのものなのです。

愛してるとは何回も言ったけど、ありがとうとは言ったことがなかった。

——**『ダイ・ハード』**

ジョン・マクティアナン監督、ブルース・ウィリス主演の映画『ダイ・ハード』は、タフな刑事、ジョン・マクレーンの活躍を描いたアクション映画です。

マクレーンの泣きどころは別居している妻との関係。意地っ張りで口下手なマクレーンですが、妻とどもも命の危険にさらされ、その危機を脱したとき、はじめて素直な気持ちを口にすることができたのです。

どんな小さなことでも「ありがとう」と声に出して言ってみれば、必ずその気持ちは相手に伝わります。一度で伝わらなければ、二度、三度と繰り返してみること。すると、いつしか相手からも感謝の言葉が返ってくるようになるでしょう。声に出して言うことによって、お互いの心の距離が近づいてくるのです。

ちなみに続編の『ダイ・ハード4・0』ではマクレーンは妻と離婚してしまっています。


理想をかかげるのはすばらしいこと。

ですがまずは自分の家族や身近な人々を幸せにすることが……

やがてはすべての人々の幸せにつながるのではないでしょうか。

――『ドラゴンクエストV　天空の花嫁』

原作の堀井雄二、キャラクターデザインの鳥山明、音楽のすぎやまこういちがスクラムを組んで作り上げた、大人気ゲーム『ドラゴンクエスト』シリーズ。

この『V』では親と子、そしてまたその子という三世代にわたる物語と、主人公の結婚がテーマとして据えられています。プレーヤーは主人公の苦難に満ちた人生を追体験しながら、親と別れ、子を作り、やがて平和な生活を手に入れてゲームを終えるのです。

親の心の中に子がおり、子の心の中に親がおる。それが親子である。

――柴田錬三郎

学生運動などで若者たちの価値観が揺れ動いていた一九六〇年代末、『眠狂四郎』などで知られる作家、柴田錬三郎がべらんめえ口調で繰り広げた『週刊プレイボーイ』誌での人生相談は大きな人気を集めました（一九七〇年代末にも再登板しています）。

この言葉は、余命いくばくもない母親を置いて、遠方に仕事に出なければならない息子からの相談に柴田が回答したものです。

「わが子が、健康で、幸せにくらしているのなら、親は、一人でさびしく逝くことも、決していといはしないだろう。君が、遠くに働きに行くことは、断じて親不孝ではない」

自分の親の顔を思い浮かべながら、ぜひもう一度この言葉を読んでみてはいかがでしょうか？　親というものは、きっとそういうものなのでしょうね。

「親孝行とは、「親孝行とはなんだろう？」と考えている瞬間のことである。」

――松本人志

柴田錬三郎と同じく、若者を対象に人生相談を行っていた松本人志の言葉です。たとえば成人した子が親と離れて暮らしているとき、なかなか親に声をかけにくくなってしまうことがあります。

親は子に対して全面的な愛情と信頼を注ぐもの。しかし、子が成人してからも、そんな関係に甘えたままでは、いつしか重大な齟齬《そご》を招きかねません。親も子も、それぞれ一人の人間です。親子関係だって不変のものであるとは限りません。「親孝行とはなんだろう？」と考えることは、親に対して関心を持つことでもあります。時折でいいので声をかけ合いながら、相互に信頼関係を保っていくことが大切でしょう。

ちなみに、松本が考える、母の日や父の日のプレゼントとは？

「『私はあんたらの子供や』ということを提示してあげるのがいちばんだと思います」

この世に生をうけたのは親の恩による。この身体が親の一部であることを決して忘れてはならない。

――上杉鷹山

すべての親子の関係が必ずしも良好であるとは限りません。「毒親」という言葉が一般化したように、親に対して憎しみに近い感情を抱いている人も少なからずいると思います。

しかし、たとえ、ろくでなしの親であっても、たまにでいいから感謝の気持ちを持ってみてください。自分が生きているのも、子どもを持つことができるのも、自分の親のおかげである、と。

その感謝の気持ちは、きっとまわりの人々に伝わっていくはずです。そうすることによって親子関係が改善されるとは限りませんが、少なくとも悪感情の連鎖を断ち切ることはできると思います。

名君として知られる米沢藩主、上杉鷹山の言葉です。

おれの人生はつまらなくなんかない。家族がいる幸せをわけてやりたいぐらいだぜ。

——『クレヨンしんちゃん　嵐を呼ぶ　モーレツ！　オトナ帝国の逆襲』

子どもたちに絶大な人気を誇るアニメ『クレヨンしんちゃん』。二〇年以上にわたって劇場公開されている映画版は、子どもだけでなく大人も楽しめる作品になっています。なかでも、物語に大人の視点を導入した原恵一監督作品の評価は高く、シリーズ第九作『嵐を呼ぶ　モーレツ！　オトナ帝国の逆襲』も各方面から絶賛を集めました。この言葉は劇中に登場する主人公のしんちゃんの父、野原ひろしのセリフです。

敵役のケンとチャコは、大人たちを催眠状態にして幼児退行と子捨てを促し、ノスタルジーと希望にあふれる昭和風の世界に世の中を改造しようとします。親たちを取り戻す戦いに挑んだしんちゃんによる必死のはたらきかけもあって、いち早く催眠状態を解いたひろしが、ケンに対して言い放つセリフがこの言葉です。

記憶を取り戻す過程で、ひろしは自らの人生を回想していきます。地方から上京して就職し、懸命に働く姿。妻となる女性と出会い、結婚する姿。家を建て、子どもを作り、平凡ながらも幸せな毎日を送る姿……。

自分の人生を「つまらなくなんかない」と言い切った彼を支えたのは、愛する家族の存在です。家族の形は時代によって変わっていくかもしれませんが、その大切さを噛み締めてもらいたいと思います。

ゴキゲンだぜ、素晴らしい夜だ。ここには平和がいっぱいだ。でも世界中を見渡すと戦争も紛争も、テロや飢えてる子どもたちもいっぱいだ。どうしてみんな仲良くできないんだろう？みんなに聞きたいことがあるんだ。愛し合ってるかい？

――忌野清志郎

五八歳で惜しくも逝去したロックンロールスター、忌野清志郎。彼が曲の合間に「愛し合ってるかい？」と叫ぶ姿はよく知られていましたが、彼ががんと闘いながらステージに上がった「日本武道館　完全復活祭」でのＭＣはこのような言葉でした。

争いごとの多い世の中ですが、夫や妻、恋人たちと愛し合ってさえいれば、そこから平和は広がっていくはず。それをひねらず、照れず、かっこつけず、ストレートに問いかける言葉が「愛し合ってるかい?」。清志郎にステージからこう呼びかけられた人たちは、きっと家に帰ってからパートナーとの愛情を再確認することでしょう。

でも、「愛してる」なんて、ロックスターでもない僕たちには、どうにも恥ずかしくて口にできないかもしれません。だったらやっぱり、こう口に出して言ってみましょう。

「ありがとう」と。

第4章

お金・人生に効く名言

最後の章は、〝生きること〟をテーマにしてさまざまな言葉を集めてみました。

まずはお金について。当たり前の話ですが、生きていくうえでお金は大事なものです。お金がなければ、着るものも食べるものも手に入れることはできません。そのために人は、あくせく働いて収入を得ているのです。

しかし、この不況と雇用の不安定さが、誰でも働いて収入を得ることができる、ということを保証しなくなってしまいました。働いてお金を稼ぐことについて、もう一度名言を通して考えてみましょう。

次に、何かに熱中できないとき。名言には「夢を持て」「目標を持て」「夢や目標に向かって努力すべし」などといったものが数多くあります。しかし、夢や目標を持つことができない、何に対しても熱中できない、自分が何をしたいかわからない、という人も多いのではないでしょうか？

仕事でも趣味でも、何か熱中できるものが見つかれば、生活に張りをもたらすことができるはずです。

自分自身について考えることも大切です。仕事も、人間関係も、恋愛も、〝自分〟という軸がしっかりしているから成り立つもの。〝自分〟に関する古今東西の言葉を見ていきましょう。

自分に自信がないと思うとき——仕事でも人間関係でも恋愛でも、自信がなければ肝心なときにもう一歩踏み出すことができません。

自分を見失いそうになるとき——仕事でも家庭でも恋人でも、自分が大切に思っていたものを突然失ってしまうと、一種の虚脱状態になって自分を見失ってしまい、そこから抜け出すことができなくなってしまいます。

自分を変えたいと思うとき——悪いところを変えていきたくても行動がともなわないと、事態は何も変わらないし、自分自身を大切にすることもできません。

この三つの視点から、自分自身を見つめ直す言葉を集めています。

最後は生きていくことそのものについての言葉です。生きていくことが苦しいとき、未来を悲観してしまうとき、生きていることに感謝したいとき。

生きるということは、つらくて苦しいのが当たり前。そんなときでも、人は前を向いて進まなければなりません。

弱った気持ちを後ろからグイッと押してくれるような言葉を、一緒に読んでいきましょう。

お金がなくて苦しいとき

お金がないという状況にもいろいろなレベルがあると思います。若いころの貧乏暮らしなら、一つの経験として受け入れられることもありますが、これが住む家も持てない「貧困」ならば話は変わってきます。子どもを持つ世帯の貧困なども深刻です。

ここでは、お金がなくて苦しいと感じるときにどう考えればいいか、そのヒントとなる言葉を集めてみました。

私は貧乏だったことがない。ただ金欠だっただけだ。貧乏とは心の有り様を言い、金欠とは一時的な状況を言う。

――マイケル・トッド

一九五〇年代にハリウッドで活躍した映画プロデューサーで、大女優エリザベス・テイラーの三番目の夫だったマイケル・トッド。

トッドはお金がないという現実を受け入れたうえで、それを心の貧しさと一緒にしない強い気持ちが必要なのだと語っています。

大切なのは生活が苦しくても、下を向かないこと。自分を責めないこと。落ち込んで気力を失ってしまわないこと。貧しい家庭の九人兄弟の一人として育った彼が、ハリウッド黄金期のプロデューサーになることができたのは、そのような心の持ち方ができたからなのでしょう。

必要な時には金銭について話すことが出来ねばならぬ。金銭についてロをつぐむ者は、一種の偽善行為である。

――シャルル・ペギー

フランスの詩人であり思想家のシャルル・ペギーの言葉です。

苦しいときには自ら口を開いて助けを求めるのも重要なことなのでしょう。それは同時に、まわりの人たちに心を開くということでもあります。一人で黙って耐えるのではなく、親戚でも、友人、知人でも、公共の窓口でもいいので、相談できる相手を探して連絡してみてください。状況は、必ず変わってくるはずです。

―わずかな金で満足すること、これもひとつの才能である。―

――ジュール・ルナール

『にんじん』などの作品で知られるフランスの作家、ジュール・ルナールも、小説家を志した若いころは貧しい生活を強いられていました。

深い欲を抱かず、つつましく生きること。そしてそれに満足することも、これからの時代は大切になってくると思います。たくさんのお金を稼ぐことができれば、それを使うことだってできますし、それに向かっていく意志も大切でしょう。しかし、状況に応じて生活レベルを縮小し、身の丈にあった生活をしていかなければ乗り切れない時代がやってきているとも思います。

―貧乏する覚悟でやればなんとかなります。―

――宮崎　駿

これは「若さ」と「希望」とが、セットになっている貧しさの話です。

日本を代表するアニメ監督、宮崎駿が二〇一四年に、米アカデミー賞を選考する映画芸術科学アカデミーから栄誉賞を贈られたときのコメントです。日本の若手アニメーターに対するエールを求められ、このように語りました。

宮崎監督は、二〇〇五年にニューヨーク近代美術館で行われた『ハウルの動く城』の北米初上映の際、毛沢東の発言を引用する形で「若いこと、貧乏であること、無名であることは、創造的な仕事をする三つの条件だ」とも語っています。宮崎監督はこの言葉が好きなようで、『エヴァンゲリオン』シリーズで知られる庵野秀明監督も二〇代のころ、同じ言葉を贈られたと述懐していました。

これらの言葉は、ハングリーで、向こう見ずで、お金はないけどアニメーションに打ち込んでいた二〇代の自分自身に言い聞かせていた言葉でしょう。

アニメーション制作中、スタジオジブリの若いスタッフに振る舞う夜食に、わざわざ「貧乏塩ラーメン」と名付けたというエピソードもありますが、それも宮崎監督らしさと言えると思います。
自分のやりたいことに打ち込んでいるときの貧しさは、耐えることができます。同世代の友人たちが楽しく遊んでいるのを横目にナニクソと歯を食いしばる。そんな青春を送れる人は幸せなのかもしれません。

借金して明日起きるより、今夜食わずに寝よ。

――ベンジャミン・フランクリン

カードで借金して買った洋服で着飾ったり、消費者金融で借金してパチンコに行くなんてとんでもない。ストレートすぎる言葉の主は、ベンジャミン・フランクリン。多岐にわたる分野で活躍し、アメリカ建国の父とも讃えられる人物です。

不自由を常と思えば不足なし、心に望みおこらば、困窮したる時を思い出すべし。

――徳川家康

戦国時代に三河の土豪、松平氏の嫡男《ちゃくなん》として生まれた家康でしたが、幼少のころは周囲の策謀に翻弄され、まさに「不自由」な人質生活を余儀なくされていました。この経験から家康は忍耐の大切さを学び取ります。今、お金がなくて苦しい生活を送っていても、この経験は将来必ず役に立つのです。

この人生はどんなにつらくとも生きるに値する。そのために必要なものは、勇気と想像力とほんの少しのお金だ。

――『ライムライト』

〝喜劇王〟チャールズ・チャップリンが監督、脚本、主演を務めた名作の、あまりにも有名なセリフです。

この映画で語られているのは、チャップリンの人生論です。いつでも前向きに、情熱を持って人生に取り組むための勇気と想像力に加え、「ほんの少しのお金」が必要だというのは真実であり、チャップリン流の社会への風刺でしょう。

しかし、その「ほんの少しのお金」を持てないで苦しんでいる人も多いのではないでしょうか？　苦しい現状を脱する方法、突破口はあるはずなのに、そこにたどりつく気力さえ失われてしまっている人たちがいます。

それならばまず、周囲の人たちに心を開き、自分を無理に大きく見せないこと。希望を持ち、勤勉に生きることが大切でしょう。

どん底が人生をやり直す強固な土台となりました。

――J・K・ローリング

世界で四億部以上売れた『ハリー・ポッター』シリーズの作者が、二〇〇八年にハーバード大学の卒業式で行ったスピーチからの一節です。

『ハリー・ポッター』を書く前の彼女は、シングルマザーで、借金もあり、ホームレス一歩手前でした。貧困と心労のため鬱病をわずらい、自殺を考えたこともあるそうです。自ら「桁外れの失敗」を重ねたと言う彼女が、生活保護と住宅手当を受けて、なんとか日々の生活をしのぎながら書き上げたのが『ハリー・ポッターと賢者の石』でした。

彼女はどん底の生活のなかで、自分が本当にやりたいことは何かを探り当て、それをやり抜くことを決心しました。それを支えたのは公共からの補助です。人が生きていくためには、最低限のお金が必要です。公共から補助を受けることは、けっして恥じるようなことではありません。

そのうえで、失敗を糧にして成長することができれば、人生をやり直す道は切り開けるはずです。

―まだ笑うことが出来る限り、彼はまだ貧乏ではない。―

――アルフレッド・ヒッチコック

まずはつらくても笑ってみてください。一人で笑うことが難しいのなら、仲間と、家族と、愛する人と。

『サイコ』『めまい』といったサスペンス映画の巨匠として知られる、世界的な映画監督の言葉でした。

お金を得たいと思うとき

まともに生きていくためには間違いなくお金が必要です。お金に余裕があれば、暮らしだけでなく、気持ちにも余裕が生まれます。子どもにはお金の苦労をかけたくないと思うのは、多くの親に共通した気持ちでしょう。

だからといって、お金に執着しすぎたり、目先の儲け話に飛びついたりするのは、ちょっと違う。ましてや一攫千金《いっかくせんきん》を夢見てギャンブルにのめり込んだり、返すあてのない借金をしたりするなど、もってのほかです。

お金を得たいと思うとき、どのような心がけが必要なのか、いくつかの言葉を通して考えてみましょう。

―金銭は独立の基本なり、これを卑しむべからず。―

――福沢諭吉

一人の社会人として独立して生活していく基盤を作るためには、福沢諭吉が講演で言ったようにまずお金が必要です。

〝お金を得たい〟と思うことは大切なこと。それには勤勉に働き、収入を得る。それが一番です。ただし、真面目に働いても働いても生活が苦しい場合は、何か問題があるかもしれないので、自身の生活や仕事の環境などについて客観的に見直してみてください。

―金が全てじゃねぇが、全てに金が必要だ。―

――『闇金ウシジマくん』

真鍋昌平の人気コミックより、主人公である闇金融の経営者・丑嶋馨の言葉です。借金によって転落していく人々を描く徹底的にシビアな物語は、読んでいて恐怖を覚えるほど。でも、今の社会の一端を確実に写し出しています。

この言葉は「全てに金が必要だ」の部分に力点が置かれがちですが、同時に「金が全てじゃねぇ」と言っているところも見逃してはいけません。お金を得ることの大切さを語るとともに、お金を得るために大切なものを捨ててはいけないということも言っているのです。

なお、数多くの金融業者や債権者を取材した真鍋昌平は、インタビューで「借金する人の特徴」として「自信がない、見栄っ張り、実行しない」の三つを挙げています。自分自身にあてはまっていないか、チェックするようにしておきましょう。

夢があっても貧乏は辛いですから。金ないと幸せに生きられないですから。幸せに生きるには、絶対金しかないです。

——**有吉弘行**

テレビで見ない日はない人気者、タレントの有吉弘行の言葉です。

有吉はお笑いコンビ「猿岩石」として一世を風靡しましたが、その後、仕事がなくなって本当に苦しい数年間を過ごしたそうです。彼が味わったのは「お金がない」という地獄。それゆえ、「世の中、金があれば強く生きられる!」「自分の身の丈よりひとつ下の生活をしろ!」など、お金に関するシビアな言葉もたくさんあります。

お金で買えない幸せはたしかにありますが、お金さえあれば回避できる不幸もたくさんあります。幸せに生きるために、お金に執着することも必要なのです。

お金は天から降ってこない、地上で稼ぎ出さねばならない。

——マーガレット・サッチャー

「天からお金がふってくる！」とは、ドラえもんのひみつ道具を借りたのび太くんのセリフですが、お金は降ってきませんでした。不平を言うのび太くんに、ドラえもんは「あたりまえじゃないか」とあっさり答えます。

子どもに夢を与えるドラえもんでさえそう答えるのですから、〝鉄の女〟と呼ばれたイギリスの元首相、マーガレット・サッチャーが夢見がちなことを言うわけがありません。

お金は空から降ってこない、自分の手で稼ぎ出せ。当たり前のことを当たり前に伝えてくれる名言です。

キュウリを植えればキュウリと別のものが収穫できると思うな。人は自分の植えたものを収穫するのである。

困窮した農村の現状を直視し、あらゆる手立てを用いて改善できるよう指導した二宮尊徳は、江戸時代のリアリストと言っていいでしょう。そんな彼の言葉です。

――二宮尊徳

人は働いた分の対価しか得ることができません。しかも、キュウリを栽培していても、冷害などがあれば思うような収穫が得られない場合だってあります。努力が必ずそのまま報われるとは限りません。しかし、それがわかっていてもキュウリを植えて育てなければ、キュウリを収穫することはできないのです。

大事なのは、自分が好きなことを飛びきり上手にやること。お金は副産物にすぎない。

――ウォーレン・バフェット

世界的に有名な投資家であり、資産家のウォーレン・バフェット。保有する個人資産が一〇〇〇億ドル（約一〇兆八〇〇〇億円）に達するというのだから驚きです。とはいえ、金にあかせて豪遊することもなく、質素な暮らしをしながら資産の多くを寄付していることでも知られています。

この言葉は、ネブラスカ大学でビル・ゲイツと公開対話を行ったときに学生に向けて語りかけたものです。六歳のときに初めて銀行口座を開設し、一一歳のときに投資を始めたバフェットの「好きなこと」とは、もちろん投資です。投資とめぐり合えた幸運を喜びつつ、自分と同じように夢中になれることを探してほしい、と学生に呼びかけました。今でもバフェットは、ワクワクした気持ちで仕事をしていると言います。

きっと毎日ワクワクできる仕事を見つけることが、お金を得るための早道なのでしょう。

金がないから何も出来ないという人間は、金があっても何も出来ない人間である。

――小林一三

阪急電鉄をはじめとする阪急阪神東宝グループの創業者であり、宝塚歌劇団や東宝を創設した人物としても知られる実業家、小林一三。幼いころに両親と別れながら、腕一本で関西の地方財閥を作り上げた彼からしてみれば、「金さえあれば」と言うだけで何もしていない人を見ると、こうした辛らつな言葉を浴びせたくなるのでしょう。

裏を返せば、知恵や勇気、想像力などがあれば、お金がなくても大きなことはやり遂げることができるということ。お金を持っていない人にだってチャンスはあるのです。

――金儲けのうまい人は、無一文になっても自分自身という財産を持っている。――

――アラン

フランスの哲学者、アランの『幸福論』からの一節です。

たとえ、今、お金がないとしても、自分という大事な財産はなくなっていません。大切なのは、そう考えて、行動を起こすことです。アランもこう言っています。「喜びは行動とともにやってくる」と。

――お金で買えないものの本当の価値を知るために、お金がある。――

――ROLAND

月間六〇〇〇万円を売り上げ、「現代ホストの帝王」と称されるROLAND。独特の言語感覚から繰り出される数々の「名言」もよく知られています。こちらはお金をテーマにした講演会で語られた彼独特の言い回しの言葉です。

お金に代えられない喜びはたくさんあります。それは間違いありません。仕事で目標を達成する喜び、社会に貢献する喜び、仲間と何かを成し遂げる喜び、家族と穏やかな時間を過ごす喜び、パートナーとともに生きる喜び……などなどです。

お金を稼ぐことは大切ですが、それが目的となってお金にだけ執着していると、人生の大切なものを見失ってしまいます。お金を得た後も、お金に操られてしまうのではなく、「お金で買えないものの本当の価値」が何かを知るようにしましょう。

何かに熱中することができないとき

何かに熱中している人、何かに夢中になっている人は、傍《はた》から見ていると非常に楽しそうです。それがたとえ何の役にも立たないことでも、熱中して楽しそうにしている人は、とても眩しく映ります。何かに熱中している人の生活は、きっとすごく充実しているのでしょう。

一方、熱中できるものがないときは、なんだか自分の生活が無味乾燥なもののように思えてしまいます。では、どうすれば熱中するものが見つかるのか、熱中することの効用はなんなのか、そのあたりをいくつかの言葉から考えていきたいと思います。

僕にとってね、勉強なんてものはないんだ。学ぶものは何もないの。楽しむだけでいいんだ。

――甲本ヒロト

人気ロックバンド、ザ・ブルーハーツの元ボーカリストで、今はザ・クロマニヨンズで活動する甲本ヒロトが雑誌のインタビューで発言したものです。

熱中できるものを探したいのなら、とにかくまず楽しいことを探すこと。「勉強のために」とか、「まわりに話を合わせるために」とか、「将来役に立ちそうだから」なんてことは考えなくていいのです。見ているだけで、なんだか思わず笑みが浮かんでしまうものを探してみてください。誰とも趣味が共有できなくたっていい。なぜなら、それを楽しんでいるだけで、いきなりその世界のナンバーワンになれるからです。

僕の知り合いには、工場が好きな人、看板に描かれているマークが好きな人、お寺に泊まることが好きな人、壁の模様が好きな人などなど、ちょっと変わったものが好きな人がたくさんいますが、みんな本当にそれが好きというだけで活動を始めたら、それがいつの間にか人を集めて、仕事になったり、その世界に深く関わったりしています。

余計な気遣いは無用です。まずは自分が本当に楽しめることを探してみましょう。

興味があるからやるというよりは、やるから興味ができる場合がどうも多いようである。

――寺田寅彦

第三章にも登場した、物理学者でありながら、文学を愛し、多くの随筆や俳句などを残した寺田寅彦。絵画も楽しんだ彼のエッセイ「写生紀行」からの一節です。

このエッセイの中で、研究のテーマもただ考えるだけでは何も浮かんでこない、と寺田は語っています。とりあえず、やってみる。すると、「その途中に無数の目当てができすぎて困るくらい」になってしまうのだそうです。

頭の中で考えるだけでなく、まずは実際にやってみることがきっかけになるということ。そこで新しい発見や興奮があれば、どんどんのめりこんでいくことができるでしょう。

どうやったら好きになれるだろうかと、自分を「洗脳」していくほうが、好きなものを普通に好きだというよりも、よっぽど面白いことになる。

――みうらじゅん

仏像、おかしな絵馬（「ムカエマ」）、悪趣味な土産物（「いやげもの」）、意味不明な絵葉書（「カスハガ」）など、数々のおかしなものに熱中し、ブーム（?）を作ってしまうイラストレーターのみうらじゅん。彼が注目して名付けた「ゆるキャラ」は、もはや知らない人のいない言葉になりました。

みうらじゅんが何かに熱中するときは、まず自分を「洗脳」するところから始めるのだそうです。「天狗」に関するグッズを買い集めていたときも、実はそれほど興味がなかったのだとか。しかし、コレクションが膨大になっていくうちに、だんだん「洗脳」が進んでいき、いつしか熱中していたそうです。そんな調子で「尿瓶」や「ＳＩＮＣＥ（店の創業年を示す看板）」なども集めているのだから、やっぱりなんというかすごい人です。

彼の著書『「ない仕事」の作り方』からの一節でした。

今日を楽しめ。
自分自身の人生を忘れがたいものにするのだ。

――ナンシー・Ｈ・クラインバウム

ロビン・ウィリアムズ主演で映画化されたナンシー・Ｈ・クラインバウムの小説『いま

を生きる』。これは主人公の型破りな教師、ジョン・キーティングのセリフです。

厳格な規則に支配された全寮制の高校に赴任したキーティングは、生気を失っている生徒たちを見て、次々と斬新な授業を行っていきます。最初は戸惑っていた生徒たちも、次第に自分のやりたいことを見つけていくのです。

キーティングが教えたのは、タイトルどおり「いまを生きる」ことの大切さでした。周囲に流されているだけでは、誰の人生なのかわからなくなってしまいます。何かに熱中し、楽しんだ経験と記憶は、たとえそれが直接何かの役に立たなくても、人生を豊かにするものなのです。

―モチベーションという概念は、希望につながっていなければならない。―

――村上 龍

趣味をはじめとして、楽しいことに夢中になる人は大勢いると思いますが、なかにはつらい仕事に熱中している人もいます。なぜそんなことが起こるのでしょう?

作家の村上龍は、著書『無趣味のすすめ』で「その仕事をやり抜くことで、自分にとって、また家族や同僚や会社にとってより良い未来が開ける、そういった確信がなければモチベーションは生まれようがない」と語っています。

つまり、未来に希望の光が見えるものであれば、つらくても熱中してそれを乗り越えることができるのです。ただ漫然と日々を送るのではなく、未来を見据えてみましょう。

ネガティブを潰すのはポジティブではない。没頭だ。

――若林正恭

これは「熱中することの効用」についての言葉。

人気お笑いコンビ、オードリーの若林正恭は、若いころからネガティブな思考にとらわれてしまうことがよくあったそうです。仕事が順調でも、ふとした拍子に「このままでいいんだろうか」とネガティブな思考の底に落ちていく。それを彼は「ネガティブモンスター」と呼んでいました。

あるとき、ネガティブモンスターに捕まりそうになったときのために、「没頭ノート」というものを作りました。何かに没頭、熱中することで余計なことは考えられなくなります。それ以降、ネガティブモンスターとの付き合い方がうまくなったそうです。著書『社会人大学人見知り学部卒業見込み』からの一節でした。

―せっかく神様がいるのなら1局、お手合わせをお願いしたい。―

――藤井聡太

異次元の天才とも呼ばれ、数々の最年少記録を打ち立て続ける将棋棋士、藤井聡太の言葉です。

あるイベントで「将棋の神様にお願いするなら」という質問をされたとき、こう答えたそうです。さすが、日本で最も将棋に熱中している人間は言うことも違います。何事もここまで熱中できれば、きっと今まで見たことのない新しい風景が見えてくるのではないでしょうか。

自分に自信がないと思うとき

何事も最初から自信のある人なんて少ないと思います。しかし、自信のなさゆえに足踏みしてしまい、成長の機会を失ってしまったり、より良い環境に飛び込むことができなかったりするのは、非常にもったいないことだと思います。

自信をつけるには経験あるのみ。それはわかっているのだけれど、どうしても足踏みしてしまう。そんなとき、背中を押してくれるような言葉を集めました。

根拠のない自信を持て！
ゴールのない目標を目指せ!!

――**島本和彦**

『逆境ナイン』『アオイホノオ』などの作品を持つ人気漫画家、島本和彦による名言集『炎の言霊』でのメッセージです。彼の作品の特徴は、登場人物たちが無闇に熱い情熱を持ち、気合いとともにそれぞれの信念を叫び合うところにあります。

自信には根拠など必要ありません。実力不足や経験不足は、機会をこなすごとに解消されていくでしょう。まずは思いきって飛び立つことからすべては始まるのです。

人生については誰もがアマチュアなんだよ。誰だって初参加なんだ。はじめて試合に出た新人が、失敗して落ち込むなよ。

——伊坂幸太郎

作家、伊坂幸太郎の処女作にして代表作の一つ、『ラッシュライフ』に登場するポリシーのある泥棒、黒澤のセリフです。

初参加なら、失敗して当たり前でしょう。自信がないからと尻込みする必要もないし、失敗したからといって落ち込む必要もありません。堂々と失敗すればいいのです。

人間はみんなが、美しくて強い存在だとは限らないよ。生まれつき臆病な人もいる。弱い性格の者もいる。

メソメソした心の持ち主もいる……。
けれどもね、そんな弱い、臆病な男が自分の弱さを背負いながら、
一生懸命美しく生きようとするのは立派だよ。

――遠藤周作

誰でも一つや二つ、あるいは三つや四つは弱点を持っています。その弱点を知っているからこそ、自分に自信が持てないのだ、と考える人もいるでしょう。

しかし、だからといって逃げてばかりいては、いつまでたっても弱点は弱点のまま。いつまでたっても弱点を克服することはできないと思います。完璧を目指しても、一つや二つの弱い部分は残ってしまうもの。それを認識したうえで、前に進もうとする気持ちが大切なのです。遠藤周作の小説『おバカさん』からの言葉でした。

馬鹿になれ　とことん馬鹿になれ
恥をかけ　とことん恥をかけ
かいてかいて恥かいて

裸になったら見えてくる本当の自分が見えてくる

――アントニオ猪木

プロレス界のスーパースター、アントニオ猪木は詩人でもあります。彼の出版した詩集のタイトルにもなった「馬鹿になれ」という詩の前半部分です。

余分なプライドは脱ぎ捨てるべき。馬鹿になり、恥をかいて、裸になってこそ自分自身が見えてくる。自分自身が見えてきたら、そのまま勝負に挑めばいいのです。

前掲の島本が語っていた「根拠のない自信」も、他人から見れば「馬鹿」に見えるものなのかもしれません。馬鹿になり、裸になれば、自信のなさなど気にならないはずですから。

なんでもっと自分を愛さないのか。もっと自分の財産を守れ。それは何もゼニの財産ではないの。精神の財産かもしれない。自分のプライドも財産でしょ。自己の主張をしっかり持つことも自分の財産ですよ。

だから、もっともっと自分のことは最低限責任を持たんと。

――矢沢永吉

次は少し考え方を変えてみましょう。こちらはロック界のスーパースター、矢沢永吉の言葉です。

自分のプライドを守るというのは、傷つくことを恐れて逃げ回ることでは決してありません。むしろ逆です。相手と争い、自分が傷ついてでもいいから自分の意見を主張すること。そして、そのためには自分の主張に責任を持つこと。それが矢沢の言う、「自分の財産を守」ることなのでしょう。外面や体裁を守るためだけの余分なプライドを捨て、自分の中にある大切なプライドを守らなければならないのです。

駄目なことの一切を
時代のせいにはするな
わずかに光る尊厳の放棄
自分の感受性ぐらい

自分で守れ
ばかものよ

――茨木のり子

厳しい言葉を突きつけてくるのは、詩人の茨木のり子です。この言葉は、彼女の詩「自分の感受性くらい」の末尾部分になります。

ここで語られている内容は、矢沢の言葉と非常に近しいと思います。自分を大切にしなさい、自分の内面を大切にしなさい。まわりの人や時代や状況に責任を転嫁するということは、自分の大切なプライドを捨ててしまうのと同じこと。自分自身を信じていないから、簡単に捨てることができてしまうのです。

安易にまわりのせいにせず、自分の弱さを見つめ、歯を食いしばって外の世界に対抗しなければ、自信を得ることなどできないのでしょう。

せめて自分ぐらい自分を褒めて認めてあげないと自分が救われない。自分の味方になれるのは自分だけ。

――美輪明宏

自分のことを一番よく知っているのは自分です。だからこそ、まわりが認めなくても自分だけは自分を認めてやるべきなのでしょう。

自分の弱い部分を克服しよう、と言うのは簡単です。でも、それはなかなかできることではありません。ならば、弱い部分をまず認めてしまえばいい。そして弱い部分を認めたら、内にこもってしまわずにそのまま外に打って出る。自信は無根拠でいい。無用なプライドはかなぐり捨てましょう。その代わり、自分の中心にある大切なプライドは心の中にしっかり持つ。誰かに打ちのめされたっていい。自分の味方は自分でする。自分をよく知ったうえで愛してやる。

これを繰り返して生きていけば、本当の経験や実力など、後からついてくるでしょう。そうすれば、最初は無根拠だった自信が、徐々に根拠のあるものに変わっていくのです。

生きていくことが苦しいとき

「生きづらさ」という言葉が社会に浸透してすでに長い年月が経ちました。生きづらさの原因はさまざまです。経済的な苦境もあれば、過去の経験、漠然とした不安などなど……。どれも簡単に解決できるものではありません。

生きることは苦しいもの。でも、その苦しさを、ちょっとだけ軽くしてくれるような言葉を集めてみました。

ぼーくらはみんなー　いーきてい一るー
いきーているから　つらいんだー

——『**よつばと!**』

あずまきよひこの人気漫画『よつばと！』の主人公は、まだ五歳の少女、小岩井よつば。生い立ち不明ながら、血のつながっていない「とーちゃん」と二人で元気に暮らしていいます。『よつばと!』は小さな出来事を喜びとともに体験していく彼女と、近隣の温かな人たちとのふれ合いを通して、日常の小さな幸せを描き綴った物語です。

この言葉は、よつばがある日突然、歌いはじめた替え歌です。替え歌というか、単に歌詞を間違えているだけなのでしょう。メロディはもちろん「手のひらを太陽に」です。救いようのない歌詞になってしまっていますが、五歳の少女に明るく歌われているところを想像すると、なんだか不思議とつらくても平気な気がしてきます。

「どうせ生きているからには、苦しいのはあたり前だと思え。」

——芥川龍之介

あるとき、中国に五匹の鼠を使った見世物師がいました。誰もが喝采する芸を持っていましたが、雨が続くと途端に生活が苦しくなってしまいます。年もとり、体調も芳《かんば》しくない。そんなとき、彼は宿の隅で五匹の鼠にこう話しかけるのです。

「辛抱しろよ。己だって、腹がへるのや、寒いのを辛抱しているのだからな。どうせ生きているからには、苦しいのはあたり前だと思え。それも、鼠よりは、いくら人間の方が、苦しいか知れないぞ……」と。

芥川龍之介が若いころ、悲痛な失恋の直後に書いた「仙人」という小説の一節です。この言葉は、芥川が死にいたるまで抱き続けた思いだと言われています。

その後、この見世物師は仙人と出会って思わぬ富を手に入れます。彼は仙人と会った証拠として、一枚の書を人々に見せるのです。そこにはこう書かれていました。

「人生苦あり、以て楽むべし」

三六歳で自殺にいたった心理を「何か僕の将来に対する唯ぼんやりした不安である」と遺書に書き残した芥川ですが、意味も目的もなく、ただ生き続けることを「地獄よりも地獄的である」とも表現しています。

人生の目的を持つこと、探し当てることは容易ではありません。しかし、「苦しいのは当たり前だと思」いつつ、その道のりに耐えねばならない。そう思うのです。

苦しむことから逃げちゃイカン。人生はずっと苦しいんです。苦しさを知っておくと、苦しみ慣れする。これは強いですよ。

——水木しげる

貸本漫画家としてデビューしたころ、そのあまりの貧乏ぶりに驚いた税務署員を怒って追い返したというエピソードを持つ水木しげる。

後年、人気漫画家となって以降は、安定した収入のもとに暮らしていた水木ですが、苦しい生活を経験していたからこそ、気取らず、泰然とした生き方ができたのではないでしょうか？　苦しみに慣れ、苦しみを友とする生活。生きる強さを身につけたら、今度は攻めに転じればいいのです。

悩んだらまず「生きる」モードに切り替えてからスタートだ！ それからどう生きるかを探せばいい！

——『こちら葛飾区亀有公園前派出所』

一九七六年から二〇一六年にいたるまで四〇年間にわたって連載された秋本治の人気コミック、通称『こち亀』から主人公・両津勘吉の言葉です。

悩みが深くなると、日本人は「生きるべきか死ぬべきか」という「二者択一」になりがちだと両津は言います。悩むと悪い方向に考えがちだから、最悪の選択をしかねない。そうではなく、まず悪い方向を潰してから「生きる」モードにチェンジして、「図々しく生きる」「しぶとく生きる」「マイペースで生きる」「人のために生きる」などの明るい方向へと進んでいかなければならないというのです。

生きることが苦しいときでも、生きることをあきらめるわけにはいきません。まず「生きる」モードへの切り替えを忘れないようにしましょう。

いじめられ、からかわれても、自分を愛して。だってそれがあなただから。

――レディー・ガガ

世界的なポップスター、レディー・ガガに苦しい時代があったことはよく知られています。学生時代は酷いいじめを受けており、同級生たちから道にあるゴミ箱に投げ込まれたこともありました。大学に入ってからも心ない言葉を浴びせられ続けて退学してしまい、薬物中毒になったことや、ポップスターを目指しているときに性暴力の被害に遭って妊娠してしまったこともあったといいます。

彼女が楽曲やパフォーマンスを通して伝えようとしているのは、「自分自身を愛すること」。大ヒット曲「ボーン・ディス・ウェイ」にも「ありのままの自分を愛することは、間違ってないのよ」という歌詞があります。

彼女は「はみ出し者」たちがどんな生きづらさを抱えているか、自分自身がそうだったからこそ、よく知っています。どんな人だって自分を卑下する必要はありません。生きづらさ、苦しさから解放される一つの方法は「自分を愛すること」なのです。

僕はなんとか立ち直ろうとする。なぜなら、今は朝だからだ。

——中島らも

酒とロックと落語を愛し、ユーモアあふれるエッセイや小説を多数発表した作家、中島らも。彼の著書『頭の中がカユいんだ』にある言葉です。

他にも、初期エッセイ集『僕に踏まれた町と僕が踏まれた町』には、自殺した友人のことを思った彼の、このような言葉があります。

「ただこうして生きてきてみるとわかるのだが、めったにはない、何十年に一回くらいしかないかもしれないが、『生きていてよかった』と思う夜がある。一度でもそういうことがあれば、その思いだけがあれば、あとはゴミクズみたいな日々であっても生きていける」

生きることのつらさに、世の中が嫌になってしまう日もあるでしょう。でも、体いっぱいに朝陽を浴びて、また新しい日を迎えてみてください。また今日も、ダメな日かもしれません。「ゴミクズみたいな日々」なのかもしれません。

しかし、それでも時は過ぎてゆき、夜が来て、また朝がやってきます。その間に、「生きていてよかった」と思える日を探すのです。そうすることによって、また少し、生き延びることができます。

自分を見失いそうになるとき

いっとき、「自分探し」という言葉が流行したことがありました。特に若いときは、「自分って一体なんなんだろう？」と考えをめぐらせがちですが、なかなか答えが出るものではありません。

しかし、答えが出ないまま、仕事で失敗を重ねてしまったり、何事かうまくいかないことがあったりすると、自分の足元が崩れるような感覚になり、つらい精神状態になることがあります。ここでは、自分を見失いそうになったときに読みたい言葉をご紹介します。

型ができてない者が芝居をすると型なしになる。メチャクチャだ。型がしっかりした奴がオリジナリティを押し出せば型破りになれる。どうだ、わかるか？　難しすぎるか。結論を云《い》えば型をつくるには稽古しかないんだ。

——**立川談志**

なんだかもう、わけがわからなくなるとき。自分のことがなんだかわからないとき。そんなときは、あるべき何かを持つことも大切です。

たとえば誰かが作った「型」。

落語家の立川談志は、「型」を作るには稽古しかないと断じています。談志の弟子、立川談春が自らの落語人生を綴った『赤めだか』には、このような談志の名言が続けざまに登場します。

稽古なのだから、最初は模倣でいい。いきなり自分自身のオリジナリティを探し出そうとしても、失敗してしまうでしょう。ここで言われているところの「メチャクチャ」です。それを学ぶ相手は上司でも先輩でもいいし、本でもいい。もちろん、親や兄弟、友人でもいいと思います。頼めば快く教えてくれるはずです。彼らの仕事の仕方、生き方、価値観などを学び取り、自分でも繰り返してみる。

稽古で「型」が出来上がったら、そこから自分の「型」に作り変えていく。時間のかかる作業かもしれませんが、自分を見失いそうになる前に、試してみるべき手段だと思います。

——

木を切り倒すのに6時間もらえるなら、
私は最初の4時間を斧《おの》を研《と》ぐことに費やしたい。

——

——エイブラハム・リンカーン

奴隷解放の父で、アメリカ合衆国第一六代大統領、エイブラハム・リンカーンの言葉です。彼が語っているのは、仕事の準備の大切さであり、自分を磨くことの大切さです。

斧を研いでいる間に、その斧の特性もわかってくるはずです。どうやったらうまく木を切り倒すことができるか、どこを使うとうまくいかないのか、どこを研げば効果的なのか。それを見極めたら、あとはひたすら研ぎ続ける。六時間全部を使って闇雲に木を切り続けるより、効果的なやり方でしょう。そして再び木を切り倒す機会にめぐり合ったときでも、斧のことをよく知っていれば迷わずにまた仕事に臨むことができます。

人生のうちの多くの時間を費やしてもいいから、どんな状況にも対応できるように、しっかりと自分自身を準備しておくこと。そうすれば、自分を見失わずにまた次の機会に力を発揮することができるのです。

―自分っていうのは、人が決めるもんだっていうのが僕の定義なんです。―

――福山雅治

ミュージシャンであり、俳優としても活躍する福山雅治が雑誌のインタビューで述べた言葉です。

自分を見失ってしまうことはつらいことです。ならば、それに抗わず、一度他人に任せてしまう。それも一つの方法なのかもしれません。

信頼すべき友人や家族、恋人などに悩みを告白すれば、きっと何かしらの返事が返ってくるはず。「おまえはおまえだ、それでいい」という返事かもしれませんし、「今のままじゃダメだ、やるべきことを見つけろ」と言われるかもしれません。でも、その言葉を完全に受け止めてしまうのです。

自分を味方にできないのなら、他の味方を自分に取り込んでしまえばいいのです。味方になってくれる人を、探しておきましょう。いつ何が起こるかわからないのですから。

一一人ひとりが特別じゃなかったら生まれて来なかったはずです。一

——J・Y・パーク

人気を博したアイドルオーディション番組「Ｎｉｚｉ Ｐｒｏｊｅｃｔ」にプロデュー

サーとして出演、審査を行っていたJ・Y・パークの言葉です。この番組からデビューしたNiziUは大人気グループになりました。

精魂を傾けてオーディションに参加している人たちにとって、合否の結果は人生の行き先を決定づけるようなものだと考えてしまいがちです。

しかし、彼はオーディションの結果を発表する前に、参加者たちに向かって「自分のありのままの姿が特別だということを分かるときが来るはず」「一人ひとりが特別じゃなかったら生まれて来なかったはずです」と語りかけていました。

オーディションは特定の目的に合わせて人を探しているだけで、その人の人格や才能とは関係がない。たとえ一位でも二六位（最下位）でも同じように特別な存在だというのです。

この言葉は、オーディションの参加者だけでなく、我々一人ひとりにもあてはまります。たとえ、自分のことがよくわからなくても、この世に生まれてきたからには特別な存在なのです。そう思っておくだけで、なんだか気が楽になるのではないでしょうか？

特別な自分を信じて、新しい道を歩きだしましょう。

人間は、死ぬところに向かって、生まれた日から進んでいる。それしかわかっていない。あとのことは全部わからない。

——池波正太郎

『鬼平犯科帳』『剣客商売』などで人気を博した時代小説作家、池波正太郎の言葉です。

人生まるごとわからないのなら、自分が何かなんてわからなくたって当たり前のこと。それぐらいの気分でいるのもいいかもしれません。

自分を見失いそうになってもいいから、手足だけは動かし続けること。遠くない場所に目的地を定めて、それに向かって進んでいけばいい。悔いのないよう、力一杯進む。それを繰り返した先に、きっと死というゴールが待っているのでしょう。

自分を変えたいと思うとき

「自分を変えたい」と思うなんて、それだけですごいことだと思います。自分のダメなところを変えたい、もっと成長したい、より良い自分でありたいと思っているのですから、現状維持に甘んじているより、ずっと志が高いわけです。

しかし、自分を変えるのは、なかなか容易なことではありません。そこで、自分どころか世の中を変えてしまった人たちにヒントを教えてもらおうと思います。

よく覚えとけ。現実は正解なんだ。時代が悪いの、世の中がおかしいと云ったところで仕方ない。現実は事実だ。そして現状を理解、分析してみろ。そこにはきっと、何故そうなったかという原因があるんだ。現状を認識して把握したら処理すりゃいいんだ。その行動を起こせない奴を俺の基準で馬鹿と云う。

――**立川談志**

先ほども挙げた『赤めだか』より、立川談志の言葉です。

自分の失敗や停滞を、人のせい、時代のせいにして思考を停止してしまうこと、そのまま行動を起こさない人のことを、談志はためらいなく「馬鹿」と断じます。

大切なのは分析、把握、処理の三つのステップ。しかし、前提として「現実は正解」であるという現状を受け入れなければなりません。自分が失敗してしまったのは誰かのせいではない、自分が停滞しているのは時代や状況のせいではない。悪いのは自分自身である。認めるのはつらいかもしれませんが、ここを乗り越えないと次のステップには移ることができないのです。

状況？　何が状況だ。俺が状況をつくるのだ。

――ナポレオン・ボナパルト

フランスの英雄、ナポレオン・ボナパルトの言葉です。一見、傲岸不遜《ごうがんふそん》にも見えますが、地方の一地主の息子から皇帝の地位にまで上り詰めた、彼の強い意志を表す言葉だと思います。

世の中が悪いと思うなら、自分の力で世の中を変えてやるという気概。そんな強い気持ちを持つためには、常に自分を高め続けなければいけないでしょう。こんな言葉を発するたびに、ナポレオンは自分自身を鼓舞していたのかもしれません。

なりたかった自分になるのに、遅すぎるということはない。

――ジョージ・エリオット

イギリスの女流作家、ジョージ・エリオットの言葉です。

「なりたかった自分」のイメージをしっかりと持ってください。それに努力を加えれば、たとえ何歳であろうとも「なりたかった自分」に近づくことができるのです。

何も捨てることができない人には、何も変えることはできないだろう。

――『進撃の巨人』

累計発行部数が一億部を超えた諫山創の漫画『進撃の巨人』より、主人公エレンの親友であり、明晰な頭脳を持つ少年、アルミン・アルレルトの言葉を。

この作品では「何かを得るためには何かを捨てなければいけない」という考え方が繰り返し描かれていました。圧倒的な力を持つ巨人と対峙《たいじ》する人々は、常に何かを捨てながら変革を遂げていきます。

つまり、自分を変えていくためには、これまで慣れ親しんできた考え方、習慣、快適さなどを捨てなければいけないことがあるということです。逆に言えば、自分を変えたいときは何かを捨ててみる、という考え方もできるはずです。

今を戦えない者に、次とか来年とかを言う資格はない。

――ロベルト・バッジョ

イタリアを代表するサッカーの名選手、ロベルト・バッジョの言葉です。何度も大きな怪我を負いながらそのたびに不屈の闘志でピッチに舞い戻り、三七歳まで活躍し続けた彼を、人々は〝イタリアの至宝〟と呼びました。

相手チームと戦うだけでなく、自らのコンディションとも戦い続けたバッジョは「今」の大切さを知り抜いていています。明日からやろう、今度こそやろうでは、遅いどころか戦いの舞台に出る「資格」さえありません。自分を変えたいと思うなら、今日、いや今から行動を起こさなければならないのです。

破壊無くして創造なし。悪しき古きが滅せねば誕生はなし。時代を開く勇者たれ。

——橋本真也

自分を変えたいと思うのなら、変化を恐れてはいけません。〝破壊王〟と呼ばれたプロレスラー、橋本真也の言葉です。

自分の前に立ち塞がっている古い慣習や制度などを変革していくことが「破壊」だととらえることもできますが、年をとるごとに古い考えに凝り固まってしまいがちな自分を変革することを「破壊」だととらえることもできます。

スクラップ・アンド・ビルド。壊してからまた作り上げる。自分自身を変えるということは、そういうことなのではないかと思います。

未来を悲観してしまうとき

漠然とした不安に包まれ、先行きが不透明だった社会は、ますます混乱の度を増しているように見えます。科学技術の進歩によって世の中はより良くなっているはずだ、と言われても、それが実感できないまま日々を過ごしている人も多いのではないでしょうか。

先行き不透明な社会と、自分自身の苦境や生きづらさを重ね合わせて、未来を悲観してしまう気持ちもよくわかります。

しかし、そのまま立ちすくんでいては、本当に暗い未来しかやってきません。今の時代を生きている我々には、次の時代を生きる人たちに、より良い世界を残す義務と使命があるはずです。

ちょっとだけ顔を上げたくなるような言葉を一緒に読んでいきましょう。

幸福人とは、過去の自分の生涯から満足だけを記憶している人々であり、不幸人とは、それの反対を記憶している人々である。

——萩原朔太郎

詩人、萩原朔太郎の言葉です。

過去の不幸ばかりを記憶していれば、彼の言う「不幸人」になってしまうでしょう。しかし、ささやかでもいいことばかりを記憶することができれば、それだけで「幸福人」になることができる。ほんの少し考え方、発想の仕方を変えるだけで気分が変わってくるのです。

誰だってつらい記憶はいくつも抱えているもの。僕だって完全な「幸福人」なんて見たことはありませんし、自分がそうなれるとは思いません。良かったことと悪かったこと、その二つに挟まれたまま、中途半端に生きています。

それでも、自分が生きてきた人生すべてを〝不幸だった〟と片付けてしまっていては、未来だって悲観するよりほかないでしょう。一瞬でもいいから気分を変えてみる。次に起こる出来事の見方を変えてみる。

再就職に失敗したけど、自分を成長させるためにいい経験になった。きっと、もっと素晴らしい仕事に出会えるに違いない。大切なお金を失ってしまったけど、そのことによってお金の大切さを学ぶことができた。次はもっとお金を大切にして生きていこう。もちろん、こんなのはただの気休めにすぎません。一瞬こう考えることができたとしても、明日の生活のことを思えばまたすぐに不安が押し寄せてきます。しかし、そうすることによって、ほんの少しでも希望を抱くことができれば、また生きていこう、という気になるはずです。その気持ちが、自分を新しい行動に導くのだと思います。

悲観的見方は好きではない。思い通りに行かなくても先へ進もう。雨になると思ったら本当に雨が降るものだ。

——クリント・イーストウッド

俳優としても映画監督としてもアメリカを代表する人物となったクリント・イーストウッドだって、デビュー当初は不遇を味わっていました。当たり役となった『ダーティハリー』でさえ、一度は別の人物に決まっていたもののトラブルによってご破算になり、あらためて彼のもとにめぐってきたものです。

つらい状況に置かれていても、腐らずに前を見て進み続けること。チャンスがめぐってきたら、それをいつでもつかみ取れるように鍛錬を怠らないことが大切なのだと思います。

下を向いてはなりません。いつも頭を高くあげていなさい。そして世界を真っすぐに見るのです。

――ヘレン・ケラー

三重苦を負ったヘレン・ケラーも、自分の運命に絶望せず、常に前進しようとしていました。視力を失った彼女が世界を真っすぐに見つめているのです。我々にできないはずがありません。たとえ明るい未来でないとしても、きっと道が見えてくるはずです。

前途は遠い。そして暗い。然し恐れてはならぬ。恐れない者の前に道は開ける。行け。勇んで。小さき者よ。

――有島武郎

志賀直哉や武者小路実篤とともに明治から大正にかけて活躍した小説家、有島武郎。妻を病で亡くした彼が、まだ幼い三人の子どもに向けて書いた、悲痛なまでの心情を込めた随筆「小さき者へ」の一節です。

有島は自分の弱さを認めながら、純な心を持つ子どもたちの幸せを願って語り続けます。「小さき者へ」は楽観的というより、むしろ悲観的でさえある内容のエッセイです。ここには気分の切り替え方も、具体的な人生指南も書かれていません。しかし、読み終えるとなぜだかまるで自分が励まされているような気持ちになります。

悲しみと苦しみを徹底的に味わい尽くした父親は、この悲しみが自分たちの「強み」だと言います。この悲しみのおかげで、人生に「深入り」できたのだと。そして、子どもたちに深い愛と熱い励ましの言葉を捧げるのです。

今、深い悲しみがあって、前途が明るくなくても、それは人生に「深入り」しているということ。それをバネに、前に進もうとする人たちの姿に、私たちは励まされるのでしょう。

反対に見える二つのことが、両立することを教えよう。世界では悪いことも起きているけれど、たくさんのことが良くなっていることを伝えよう。

――ハンス・ロスリング

日本でも一〇〇万部を超えるベストセラーとなった『FACTFULNESS』からの一節です。

私たちは世界について、悲観しがちです。戦争、暴力、自然災害、人災、腐敗が絶えず、人々の分断は進み、さらに疫病まで蔓延している……と。

しかし、『FACTFULNESS』の著者、ハンス・ロスリングはこれを「ドラマチックすぎる世界の見方」と呼んでいます。たしかに課題は山積みですが、人類が進歩を遂げているのは間違いありません。『FACTFULNESS』は「世界はどんどん悪くなっている」「いますぐ手をうたないと大変なことになる」などの思い込みを乗り越えて、データをもとに世界を正しく見よう、という本です。

とはいえ、何もかも自然に課題が解決しているわけではありません。課題の解決に向けた、たゆまぬ努力があってこそ、世界ではたくさんのことが良くなっています。それならば、焦り、怒り、悲嘆に暮れながら毎日を過ごすのではなく、穏やかな気持ちで暮らしながら、正しい方向に歩んでいけばいいのではないでしょうか。そのためには、正しい事実を正確に把握しなければなりません。ハンス・ロスリングは著書の中で、子どもたちにこのようなことを伝えてほしいと語っています。

「世界は変わり続けていることと、死ぬまでずっと知識と世界の見方をアップデートし続けなければならないことを教えよう」

いつも人生の良い面だけを見ようよ！
人生が腐りきって見えるのは、大事なことを忘れちゃってるからさ。
大笑いしたり、微笑んだり、歌ったり、踊ったりね。
掃きだめにいるだって？
そんなバカなこと言ってないで、唇すぼめて口笛吹けば、
万事解決するからさ！

――『モンティ・パイソン　ライフ・オブ・ブライアン』

イギリスのコメディグループ、モンティ・パイソンが制作した『ライフ・オブ・ブライアン』はイエスと同じ日に生まれてしまい、人々に救世主と勘違いされた青年ブライアンの一生を描いた映画です。

ブライアンがどんなに否定しても、彼の信者は増えるばかり。ローマ帝国に危険人物とみなされた彼は、まるでイエスのように磔刑《たっけい》に処されてしまいます。悲嘆に暮れるブライアンですが、隣で磔《はりつけ》にされていた男がなぜか陽気に語りかけ、歌を歌いはじめます。それがこの「Always Look On The Bright Side Of Life」なのです。

「いつも人生の良い面だけを見ようよ！」と口笛を吹きながら歌う男につられて、ブライアンをはじめ、他の磔にされた者もリズムをとりながら口笛を吹き始め、そのまま映画は終わります。絶望のなかでも口笛を吹いて楽しく歌い続けよう。どこか悲しくて、でも非常に愉快で、勇気づけられるラストシーンです。

最後に、ラストシーンで磔にされた彼らに向けたナレーションを読んでみてください。

「元気出せよ、ブライアン！　難しく考えちゃダメよ？　人間なんてさ、ゼロから生まれてゼロに戻るわけ。なんか損することあるかい？　何にもないでしょう？　俺たちゃ、だいたい一〇〇までは生きられやしないんだからさ。楽しくやろうぜ、ちょんちょん。なんてね！　クヨクヨすると合計二六、って何を言ってるのかね〜。まいったよ！」

未来を悲観なんてしてないで、頭を上げて口笛を吹きましょう。クヨクヨしててもたかが二六なんですから。

生きていることに感謝したいとき

最後の項になりました。この項は、細かい解説をつけずにおきました。言葉だけを読み、味わってみてください。

初出の人物と作品だけ、簡単に解説します。

『ショーシャンクの空に』はスティーヴン・キング原作、フランク・ダラボン監督、ティム・ロス主演の映画です。無実の罪で投獄された刑務所の中で、懸命に生き抜いていく銀行員の姿を描いた感動作で、世界最大の映画サイト「ＩＭＤｂ」のユーザー投票ではオールタイムの一位に輝いています。

フリードリヒ・フォン・シラーはドイツの詩人で、劇作家としても知られています。

山本有三は、大正から昭和にかけて活躍した、『真実一路』『路傍の石』などで知られる小説家です。

インドの宗教家で政治指導者のマハトマ・ガンジーは、「非暴力・不服従」を貫いて「インド独立の父」と呼ばれました。

アイルトン・セナは〝音速の貴公子〟と呼ばれたF1ドライバーです。〝史上最高のF1ドライバー〟と呼ばれることもありましたが、一九九四年にレース中の事故によって死去しました。三四歳でした。

クリスチャン・N・ボヴィーは一九世紀のアメリカの作家で弁護士でもありました。彼の警句はアメリカでも多くの人々に親しまれています。

L・M・モンゴメリが一九〇八年に発表した小説『赤毛のアン』は、今なお新たな映像化などが頻繁に行われ、多くのファンを魅了し続けています。紹介する『赤毛のアン』の有名なセリフは、さまざまな映像作品の中でも使われ、人々を明るい気持ちにしてくれました。

長くなりましたが、解説は以上です。では、どうぞ。

バカだなぁ。死んでしまっては何もならんよ。幸せってものは生きていてこそ感じられるんだ。噛みしめられるんだよ。考えてみろ。死んでしまったら肉体がなくなって魂だけになるだろ。魂だけになったら幸せを実感できないんだよ。幸せってものは、体と心で感じてこそ初めて分かるんだ。

——**水木しげる**

希望はいいものだよ。多分最高のものだ。いいものは決して滅びない。

——**『ショーシャンクの空に』**

太陽が輝くかぎり、希望もまた輝く。

——**フリードリヒ・フォン・シラー**

たったひとりしかいない自分を、たった一度しかない一生を、
ほんとうに生かさなかったら、人間生まれてきたかいがないじゃないか。

——山本有三

束縛があるからこそ、私は飛べるのだ。
悲しみがあるからこそ、私は高く舞い上がれるのだ。
逆境があるからこそ、私は走れるのだ。
涙があるからこそ、私は前に進めるのだ。

——マハトマ・ガンジー

この世に生を受けたこと、それが最大のチャンスじゃないか。

——アイルトン・セナ

全てが失われようとも、まだ未来が残ってる。

——クリスチャン・N・ボヴィー

明日がまだ何ひとつ失敗をしない
新しい日だと思うとうれしくない？

――L・M・モンゴメリ

毎日毎日が、奇蹟である。
いや、生活の、全部が奇蹟だ。

――太宰 治

主な参考文献

B-ing編集部〈編〉『プロ論。』（二〇〇四）徳間書店／NHK『トップランナー』制作班〈編〉『NHK「トップランナー」の言葉』（二〇〇八）知的生きかた文庫／朝日新聞社〈編〉『いじめられている君へ いじめている君へ』（二〇〇七）朝日新聞社／有吉弘行『お前なんかもう死んでいる：プロ一発屋に学ぶ「生き残りの法則50」』（二〇一二）双葉文庫／安西新『野球魂：素顔の王監督』（二〇〇九）西日本新聞社／石田退三『トヨタ語録』（二〇〇六）ワック／今泉正顕『「座右の銘」が見つかる本』（二〇一一）知的生きかた文庫／岩波文庫編集部〈編〉『世界名言集』（二〇〇二）岩波書店／岡本太郎、岡本敏子『強く生きる言葉』（二〇〇三）イースト・プレス／小倉広『アルフレッド・アドラー 人生に革命が起きる100の言葉』（二〇一四）ダイヤモンド社／小田島雄志『気分はいつもシェイクスピア』（二〇〇三）白水社／樹木希林『樹木希林120の遺言：死ぬときぐらい好きにさせてよ』（二〇一九）宝島社／クリエイティブ研究所『自分を愛して。だってそれがあなただから。：レディー・ガガ名言集』（二〇一二）鹿砦社／桑原晃弥『ウォーレン・バフェット成功の名語録：世界が尊敬する実業家、103の言葉』（二〇一二）PHPビジネス新書／ゲーテ、高橋健二〈訳〉『ゲーテ格言集』（一九五二）新潮文庫／斎藤茂太『いい言葉は、いい人生をつくる』（二〇〇五）成美文庫／週刊プレイボーイ編集部〈編〉『プレイボーイの人生相談：1966-2006』（二〇〇六）集英社／ジョーン・K、J-WAVE『成功前夜：21の起業ストーリー』（二〇〇五）ソフトバンクパブリッシング／竹村健一『私の心をつかんだ極上の言葉：いい人生をおくるための名言100』（二〇〇七）太陽企画出版／羽生結弦『羽生結弦の言葉』（二〇二〇）宝島社／晴山陽一『思わずニヤリとする言葉：本質を見抜く名言集』（二〇〇九）青春文庫／ビジネス哲学研究会〈編著〉『決断力と先見力を高める 心に響く名経営者の言葉』（二〇〇八）PHP研究所／ひすいこたろう『心にズドン！と響く「運命」の言葉』（二〇〇九）王様文庫／ひすいこたろう、よっちゃん『Happy名語録』（二〇〇七）王様文庫／松下幸之助『続・道をひらく』（一九七八）PHP研究所／松山太河〈編著〉『最高の報酬：お金よりも大切なもの 働く人の名言集』（二〇〇一）英治出版／「未来をかえるイチロー262のNextメッセージ」編集委員会『未来をかえるイチロー262のNextメッセージ』（二〇〇八）ぴあ／山口智司『生まれてすみません：太宰治一五〇の言葉』（二〇〇九）PHP研究所／ラ・ロシュフコー、二宮フサ〈訳〉『ラ・ロシュフコー箴言集』（一九八九）岩波文庫

※掲載した参考文献以外にも、雑誌、新聞、ウェブサイトなど、様々な媒体での発言・記述を数多く引用いたしました。
※名言の一部は、引用に際して旧字体を新字体にするなどしております。漫画からの引用については、文章としての読みやすさを考慮し、適宜句読点を加えています。
※本書では、敬称を略させていただきました。
※本書は、大山くまお『名言力：人生を変えるためのすごい言葉』（二〇〇九）ソフトバンク新書を大幅に加筆・修正・編集のうえ、改題したものです。

著者略歴

大山くまお（おおやま・くまお）

1972年、愛知県生まれ。ライター・編集者。独自の視点から選び紹介する名言が反響を呼び、『名言力——人生を変えるためのすごい言葉』（SB新書）が累計６万部を超えるベストセラーに。他の著書に『平成の名言200——勇気がもらえるあの人の言葉』（宝島SUGOI文庫）、『野原ひろしの名言——「クレヨンしんちゃん」に学ぶ幸せの作り方』『野原ひろしの超名言——「クレヨンしんちゃん」に学ぶ家族愛』（ともに双葉社）、『「がんばれ！」でがんばれない人のための“意外”な名言集』（ワニブックス）、共著に『クレヨンしんちゃん大全』（双葉社）、『バンド臨終図巻』（文春文庫）などがある。

SB新書　551

名言《めいげん》のクスリ箱《ばこ》

心《こころ》が折《お》れそうなときに力《ちから》をくれる言葉《ことば》200

2021年8月15日　初版第1刷発行

著　者　大山《おおやま》くまお

発行者　小川 淳

発行所　SBクリエイティブ株式会社
〒106-0032　東京都港区六本木2-4-5
電話：03-5549-1201（営業部）

装　幀　長坂勇司（nagasaka design）

装　画　羽賀翔一／コルク

本文デザイン　荒木香樹

校　正　株式会社文字工房燦光

印刷・製本　大日本印刷株式会社

本書をお読みになったご意見・ご感想を下記URL、
または左記QRコードよりお寄せください。

https://isbn2.sbcr.jp/11620/

落丁本、乱丁本は小社営業部にてお取り替えいたします。定価はカバーに記載されております。本書の内容に関するご質問等は、小社学芸書籍編集部まで必ず書面にてご連絡いただきますようお願いいたします。

ISBN 978-4-8156-1162-0